田中角栄の政策思想

中小企業と構造改善政策

寺岡　寛
Teraoka Hiroshi

信山社
SHINZANSHA

はしがき

政策全般ということでは実に多くの著作がある。一方、政策の各論ということでは、金融政策、財政政策、労働政策、社会福祉政策などが個別に論じられてきた。だが、そうした個別政策に共通する日本の政策の地下水脈的な特徴や、そこに共通する政策思想や政策理念などについては、一部の政治学者や社会学者をのぞいてかならずしもそう大きな関心がもたれてきたわけではない。

個別政策のうちの一つである中小企業政策についてみれば、過去も現在もこの分野に特化した専門的研究者の数は、これもまた必ずしもそう多いわけではない。また、政治学者や法律学者で中小企業政策だけを専門的に論じる人たちもまたそう多いわけでない。そうしたなかで、わたしは中小企業政策の国際比較、いわゆる比較中小企業政策論という範疇で、日本を中心に中小企業政策を研究してきた。専門研究者の数はさほど多いわけではないので、必然、勤務校以外の場所でも中小企業政策を論じる機会に恵まれたといってよい。国内だけではなく、欧州諸国、アジアでは中国、韓国、タイなどの学術機関や政府機関でもわが国の中小企業政策について論じる機会を与えられてきた。

国内ということであれば、いまからもう一五年以上も前になるだろうか。京都大学経済学部や大阪市立大学経済学部でも中小企業政策を論じたことがあった。いまでは、シラバスなども事前に提出を求められ、そこから逸脱した内容を実際の講義で論じれば、たちまち「授業評価」で「羊頭狗肉」講座と非難されるかもしれないが、当時は、集中講座で一週間、朝九時まえから夕方六時近くまで日本の中小企業政策を九〇人〜

一五〇人ほどの学生相手に対話式で、シラバスから逸脱した内容をよく論じた。夏の暑い盛りの集中講義は、当時は、空調設備は不十分で、聴く方も暑いだろうが、しゃべる方も暑い。そうしたなかで毎日やっていると、双方に連帯意識が出来上がるものだ。昼からの講義では、昼食後ということもあって学生たちの居眠りが出始めるころから、眠気防止のための脱線をわたしは意識的によくやった。

この種の脱線には、学生を眠りから呼び覚ましたほかにも、日本の現代史への知識を深めてもらうという余得も大いにあったのではないかと思う。結果的にいえば、わたしの戦後中小企業政策史論はいつのまにか脱線して自民党政策史や社会党政策史、とりわけ、日本型政治——長期与党政治体制下——における中小企業政策の決定過程のはなし——日米比較なども含め——、そして、最終的には日本の近代化政策の歩みそのものの問題性へと横滑りをしていったことも多かったように思う。

最終講義後の試験の際に、結構な数の学生から本筋の講義内容よりは、「脱線のテーマと内容が非常に良かった」などと答案の最後に書かれると、わたしもさすがに複雑な気持ちになった。だが、多くの経済学専攻の学生にとって、「中小企業政策とは経済政策の一環であって、しかも一環でないところがあり、それは中小企業の振興・保護に関わる経済学的論理の下での政治的論理——しばしば圧力団体の数の論理と米国などからの内政への外交的圧力も含めて——による決着結果である」とするわたしの見方は多少とも新鮮であったようだ。

とくに、長期政権となっていたかつての自民党政治の下では、政治的論理とは現実の政治過程において、与党が政権を維持するために直接・間接に利益配分に関わる政治そのものでもあったのである。これは日本だけではなく、どこの国においても妥当とされてきた。ただし、その「かたち」にはバリエーションがある。

この利益配分をめぐるイデオロギーこそが政治そのものであり、政策そのものであり、その国の政治風土そのものである。

中小企業政策のみならず、農業政策においても、また、日本のみならず諸外国においても、経済政策とは利益配分という政治の現実的側面をもってきた。それをわたしは中小企業政策――農業政策もある程度それなりに研究したが――において、実証的にとらえようとしてきた。この歩みはわたしの個人的研究史でもある。また、そのような見方は、米国や日本の国会審議録――議会公聴会記録――を長年にわたって読んできたわたしの率直な「感想」からもきているのである。

ただし、日本の場合、自民党の単独政権がきわめて長期間にわたったこともあり、法案の実質審議、とりわけ、利益配分をめぐる生々しい論議の透明性は非常に低く、現実の政治決着は政党内、あるいは極端な場合には派閥内で処理され、外部にいる国民にはまったくもって可視的ではなかった。

対照的に、戦後日本において理想化して学ぶべき対象として強いられ、あるいは自ら強いてきた米国では、連邦議会上下両院委員会での公聴会記録や審議録、とりわけ公聴会などでの証言は利害対立の構図を鮮明に浮き上がらせてくる――もちろん、外交や軍事などの案件はこの限りではないが――。そこにあるのは、ある意味であけっぴろげなまでに強欲的で自己利益を擁護・主張するロビー政治――圧力団体政治――そのものであり、議員たちを取り巻く利害関係もきわめて可視的なのである。

この姿は四年ごとに繰り返される大統領選挙　あるいはその間の連邦議会の中間選挙などをみていれば容易に理解できるだろう。米国政治においては業界内、業界と消費者、業界と労働組合、業界と地域など、双方の利害が露骨なまでにぶつかり合って、その透明性は日本との比較において相対的に高い場合が多い。

いずれにせよ、立法過程の現場では経済政策の決定は、純粋な経済理論によるものではなく、さまざまな経済的利害とその配分をめぐる政治的利害がとにもかくにも跋扈するのである。そうした意味で、中小企業政策なども経済学論理のみで割り切ってしまうと、そこに残余する不可解な部分がきわめて大きいのではないだろうか。

そうしたなかにあって、田中角栄は、他の官僚出身政治家とは異なり、自身も中小企業経営者出身――建築会社――であり、国会議員の初期のころは自らの政治的アイデンティティ――自画像――を「中小企業の代表」というスタンスでもよく語っている。また、大臣としての国会答弁などでも、官僚出身政治家と比べて、「中小企業」への言及が比較的多かった政治家ではなかったろうか。この意味では、民主社会党の委員長を務めた春日一幸もまた同じような出自をもっていて、その国会発言は官僚出身政治家とはひと味もふた味も異なり、良くも悪くも中小企業の立場をよく代弁した。

中小企業経営者のなかには、その出自ゆえに田中角栄という政治家を好み、彼の政策にいつも多くを期待し続けた人たちも一定数いた。この期待の背景には、田中角栄の政策の内実が何たるかは別として、裸一貫から首相へと登りつめたその姿に、中小企業のあり方と今後の理想像を見出そうとしたからにほかならない。そこでは、大企業と中小企業との関係が、自民党主流派＝学歴主義＝大企業＝高級官僚出身者と、田中角栄＝高等小学校卒＝中小企業＝実力でつかんだ政治家という関係――イメージ――に置き換えられ、擬制化されたのである。

本書では、戦後政治において、利害政治の本質を覆い隠す巧みなレトリックに秀でた多くの官僚出身政治家とは大きく異なり、ある意味でもっともわかりやすく直截的で、ときとして露骨なかたちで利益配分政治を実行しようとした田中角栄などを通じて、日本の現実の中小企業政策の何が見えてくるのかを、たとえ断片的になったとしても描きたかった。具体的には、繊維産業における「構造改善」にかかわる中小企業政策を中心に取り上げている。

繊維産業については、田中角栄も通産大臣として当時の日米繊維貿易摩擦問題の解決に深く関わっていた。官僚出身の通産大臣が米国の強い圧力の下、中小企業を中心とする国内繊維業者への対応に苦しんでいたなかにあって、田中は中小企業者を「なだめるため」の何たるかを感覚的に知っていたのかもしれない。

田中角栄の政治スタイルについては、彼自身は、戦後の「民主主義」政治の申し子であるという強い意識を潜在的にもっていたにちがいないが、実際のところ、日本の戦前からの政治スタイルの延長上にあったのではないだろうか。ただ、戦前においては日本経済の「余力」からすれば小さなスケール、あるいは、限られた地域でしか実行できなかったことを、田中は単に可視化させただけではなく、さらにスケールアップさせたのである。戦後民主主義のあり方が国会での数の政治を成立させ、そして、社会党のようにイデオロギー政党化せず、かろうじて自由主義という緩いイデオロギーの自民党という政権与党内で、数の論理＝派閥政治を生んでいった。田中角栄ほどこの論理に忠実であった政治家はいなかったのではなかろうか。

戦後の日本政治におけるこうした数の論理は、戦後日本社会が一見、民主主義化を推し進めて、明治以来の近代化＝西洋化を一層進展させてきたようにみえて、実は逆説的に戦前来、暗黙知的に見られてきた公共精神や公共空間――地域社会の安全・福祉向上のために不可欠な公有地の確保など――を解体させていったのではあるまいか。すべての現象には作用と反作用があるのである。これを象徴するのが、平成二三［二〇一一］年三月一一日の東日本大震災と福島原発事故であり、災害に対してあまりにもぜい弱であるという国土政策の矛盾点をわたしたちの眼前に痛々しいほどに示すことになった。

東北地方の復興が計画通りに進まないのは、戦後、日本政治において土地政策——いわゆる地籍——をきちんと解決してこないまま、私権を中心とした乱開発が進行した結果でもある。そこには戦後のマイホーム主義の成果でもある小さな地主が数多く存在し、災害に強い公共空間を生み出すための私権の調整が、不可能といえないまでも、きわめて困難な状況となった姿がそこかしこに見られ、復興への大きな障害となっている場合もある。

それは、住宅地だけの問題ではなく、中小都市においても商店街が衰退したにもかかわらず、中心市街地の再開発が一向に進まないことが繰り返されてきた。

日本の駅前再開発計画に携わった者——わたしも地方中核都市のそのような計画事業に一度携わったことがある——ならすぐわかることであるが、複雑で錯綜した土地保有者の権利調整に時間を要し、二〇年後、再開発ビルが登場するころには、すでに周囲の環境は一変し、中心市街地と商店街が衰退して、周りと不釣り合いなほどにまっさらなビルがぽつんと立ちつくす姿はいまも全国各地にみられる。また、必然、こうした面倒な立地よりも、まっさらな一定の土地が容易かつ短期に確保できる郊外への新規立地が優先されてきた。そうしてできた大型ショッピング施設が、さらに中心市街地の商店街を衰退させる悪循環がそこにあったのである。

公共空間の確保が災害に強い都市づくりには不可欠であるにもかかわらず、土地と私権の結び付きを極端にまで押し進め、従来の公共空間までを個人の私権に解放させてきた日本の政治スタイルと土地政策のつけがいま、わたしたちに回ってきているといえないだろうか。土地の有効利用——公共的利用も含め——のあり方が問われることなく、土地そのものが投機の対象となり続けた社会はいかなる意味においても健全とはいえないのである。

そのような土地をめぐる錬金術的な政治スタイルを一挙に大きなスケールで実行させた象徴的な人物が田中角栄ではなかったかと、すくなくともわたしは考えている。第二章で取り上げる広島県選出の戦前の政治家望月圭介などは、田中政治の一つの先行事例といえなくもないが、そのスケールはタカがしれている。ある意味で、望月圭介は戦前と戦後をつなぐ一つの連続線を代表する人物でもあった。

本来なら、そうした視点を日本の道路等公共事業政策、財政政策、地域政策——土地政策を含め——など様々な政策を取り上げてとらえるべきであろうが、わたしの知見と経験からは、もっぱら親しんできた中小企業政策という側面からとらえるしかなかった。

このように本書では中小企業政策を取り上げているが、これを構成するモチーフは戦後の日本政治のパタイルを代表する田中角栄、通産省主導の構造改善政策を進めつつも改善がままならなかった繊維産業のあり方、そして私権という利害をめぐる政官癒着のあり方である。こうした諸要素が交錯する中小企業政策を中心とする日本政治のパノラマ的光景をどこまで鮮明に描き切れたかと考えると、自分のなかで分析しえなかった領域もまだ多く残っている。また、何かの機会にとらえなおしてみたい思いはある。

本書は二部構成をとっている。第一部では日本政治における政策決定を取り上げ、田中角栄に象徴化された政治スタイルを分析している。第二部は第一部を総論とすると、個別論となっている。具体的には通産省（経済産業省）主導の繊維政策であった構造改善政策から日本政治のあり方を分析している。繊維産業の中心は産地性の強い中小零細企業であり、構造改善政策とは実質上の中小企業政策であった。当時の生の資料をできるだけ集めて論じてみた。

本書は中京大学企業研究所の双書として発刊される。刊行にあたっては、中京大学の関係者の御支援を賜った。感謝申し上げたい。出版についても、信山社の渡辺左近氏にこまごまとした編集作業で今回もお世話になった。お礼を申し上げたい。

二〇一三年一〇月

寺岡　寛

目次

目次

序論　後世の学者判断

昭和五八［一九八三］年一二月三日、田中角栄は新潟県長岡市で、その一週間ほどあとに予定されていたロッキード判決(*)について自らふれている。田中は独特のしわがれ声で、つぎのように全面否定の街頭演説を行った。

「法治国家として、ありうべからざる推論で人に罪をかぶせるようなことは、絶対に許せん。政治倫理とは、他人に求めることではなく、自ら神に恥じない行動をとることだ。私は虎ばさみにかけられたのだ。足をとられたほうが悪いのか、虎ばさみを仕掛けたほうが悪いのか、後世の学者が判断するものだ。私は断じて何もしておりません。私が十年間じっとしているうちに、日本はマイナスばかり目立つようになった。当選したら、私がいろんな法律を立案して、日本の改革に着手する。」

「虎ばさみ」とは虎など獣類を捕獲するためのわなで、鋼製でバネが仕掛けられ、虎や熊などが足や頭を入れると、バネがはじかれて捕獲される仕組みとなっている。虎ばさみは自然にそこにあるわけではなく誰かが仕掛けたものである。田中はこの誰かについてはふれてはいない。

＊ロッキード事件――米国の航空機メーカー、ロッキード社が全日空への自社機の売り込みに際し、日本の政治家に多額の賄賂を贈ったとされる疑獄事件である。昭和五一［一九七六］年に米国連邦議会上院外交委員会で「偶然」に発覚したこと

から始まった。

この九日後、田中角栄は東京地裁で「懲役四年、追徴金五億円」の有罪判決をうけることになる。全日空が航空機の採用機種を米国ロッキード社のトライスターへと変更してから一一年目、米国連邦議会上院外交委員会でロッキード社の疑惑に関する公聴会が開催されてからすでに八年が経過していた。「虎ばさみ」はなんとなくそこにころがっているわけではない。だれかが仕掛けるものである。多くの論者はその背景には、自民党内の派閥間の権力争いではなく、当時の米国のニクソン政権と佐藤政権との沖縄問題、本書で取り上げる繊維問題、さらには日中国交回復をめぐる米国からの外交上の強い圧力があったことを指摘する。

さて、田中角栄は大正七［一九一八］年、新潟県刈羽郡二田村――現柏崎――に生まれた。敗戦の爪痕と混乱が残る昭和二二［一九四七］年の衆議院議員選挙で初当選して以来、長く衆議院議員を勤めた政治家である。民社党委員長もつとめ、田中とも親交があった塚本三郎は『田中角栄に聞け―民主政治と「七分の理」―』で、「後世の学者が判断する」視点とは異なる政治家という視点と経験から、田中角栄の人間像をとらえている。

塚本は、政治を官僚の手から日本国民の代表としての政治家の手に戻そうとしたことこそ田中角栄の「政治」スタイルであったとして、つぎのように述べている。

「日本は元来、官僚制度が厳然と確立されており、政党政治は出遅れてあまりに幼稚であったから、新しい法案は政府提案がふつうの議会政治となり、慣習化されつつあった。国会議員もそれを不思議と思わず、むしろ議員立法こそ異端視されるほどであった。」

塚本は田中の「政治」スタイルこそ、塚本たちの政党も目指そうとした政治のあり方であり、その基盤の確立こそが国民の声を国政へと引き上げることであったと強く主張する。経済政策においては、数の上で中小企業は大多数であり、中小企業に働く国民も圧倒的多数を占めるという意味と範囲において、塚本は中小企業重視の政治の重要性を強く主張した。

「われわれ民社党は、中小企業こそ日本経済の土台である。自動車も、繊維、電機も、鉄鋼も、まして商店街も、すべて中小企業が日本経済の土台となっている。世界に冠たる輸出の大企業も、その一々の部品をつくっているのは、下請会社、協力会社の努力に依っている。この下請と呼ぶ中小の協力会社を育てることが、日本の経済改革、そして発展のキーであるとして、議員立法の作業を進めた。」

塚本は、民社党こそが中小企業やそこに働く大多数の日本国民の声を拾い上げ、中小企業政策を推し進めようとした政党であったとする。民社党の議員立法によって進められたわが国の中小企業政策の具体例として、塚元は「中小企業団体法」（昭和三二［一九五七］年）、「商店街振興組合法」（昭和三七［一九六二］年）、「百貨店法」、「下請代金支払遅延等防止法」（ともに昭和三一［一九五六］年）などを挙げている。こうした議員立法提案について、塚本は「最初は政府も、……異端視して抵抗していたが、与党自民党にしてみれば、中小企業各階層のための立法に反対することができず、われわれの提案を若干手直しをして、成立に協力せざるをえなかった」と振り返っている。もっとも、この指摘は我田引水的に自党へのやや過大評価となっており、ライバル政党であった社会党の中小企業政策の提案などにも言及すべきであった。

他方、与党自民党にあっては、政治家田中角栄が自ら提案した議員立法は昭和二五［一九五〇］年から昭和三七［一九六二］年までの一三年間で三三件に上っている。塚本は中小企業政策関連立法もふくめ、「さまざまな分野で、庶民の声を上から吸い上げる以上に、下から湧き出る声なき声や大きな声を聞いて、取捨選別することこそ政治の使命である。それを最大限に活用した政治家の代表が、「田中角栄」であったと、ライバル政党の政治家であるにもかかわらず田中をきわめて高く評価するのである。

このような高い評価を下された田中角栄については、当時も、そして現在でもさまざまな田中角栄像――手放しの礼賛論から全面否定論まで――が語られてきた。日本の昭和史を追ってきた作家の保坂正康もまた田中角栄を取り上げている。保坂は大正七［一九一八］年生まれの田中角栄たちの世代について、「戦争によって九％近くが亡くなったとの統計もあるが、近代日本の軍事政策の犠牲者としての数は、とびぬけて多い」世代であるという点から、田中角栄の戦後精神はこうした体験の軌跡のなかで分析すべきであるとする。保坂は田中角栄を、戦争の不条理に対する反発をもった世代であって、「日本的社会の解体者」――意識的にせよ、無意識的にせよ――であったととらえようとする。保坂はこうしたある種逆説的な視点を、つぎのように強調する。

「各種の書を読み、政治家としての言動を丹念に分析していくと、田中は日本的社会の解体という意図をもっていたと言うべきだろう。理論や理念、あるいは思想をもって解体しようとしたのではない。個人は物量をもって、国家は経済社会の繁栄をもって最大の幸福を得るという信念によってである。そこにあるのは、単純に欲望の肥大、そしてそれを充足する政治という尺度だけである。……田中は単純な金権政治家ではなく、むろん政治的独裁者でもなかった。ひたすら無作為に『近代日本』の解体をめざしていた。」

ここでいう「無作為」とは、「作為のないこと」、つまり、意図的に自ら手を加えて変えようとしたのではなく、結果として変えてしまった、というような意味である。田中角栄が、「日本列島改造論」の推進者として、これまで近代化の恩恵に与らなかった地域を近代化することで非近代的ととらえられ、田中が自らも心の拠り所とした日本社会のもっていた義理や人情という社会的価値観をむしろ徹底的に解体させていったとすれば、田中角栄という作為——「決断と実行」——の政治家の存在はあまりにも皮肉ではなかったのだろうか。

作家の津本陽も「非近代化」という光を照射して、田中角栄をとらえようとする。津本は『異形の将軍——田中角栄の生涯——』で、田中について「角栄の本質は、感情的人間であることだ。大義名分というか、論理的判断、近代的な知性とは縁が遠い」人物であったと指摘した上で、田中の実妹の「私は兄に近代性をあまり感じなかった」という証言を引用して、田中角栄の人物像を昔堅気の代表的人間——むしろ近代化とは無縁の人物——として執拗に描いている。

そうした「近代化」とは無縁であったともいえる田中角栄が、塚本三郎のいうように、国民の声に耳を傾ける政治家であったとすれば、日本の企業群で圧倒的多数を占める中小企業、そしてそこに働く人びとの声なき声の何をどのように取り上げ、どのような中小企業政策を何のために展開しようとしたのであろうか。

塚本が描くように、たしかに田中角栄は国民の声に直接、耳を傾ける「陳情型政治」を、それまでのやり方をはるかに超えるスケールで実行しようとした。より正確に言えば、田中は陳情型政治を「利益配分型政治」として完全に「システム」化させ、以後、自民党政治の「定式」へと移し替えていったのではあるまいか。

田中のそうした政治スタイルは、典型的かつ具体的には「土建屋」としてのスタイルでもあった。それは公共工事の利益配分というかたちで自派議員を「増殖」する数の政治によって、政権党内の利益配分権の主要ポストを握ることであった。また、それは農業対策や中小企業対策としての補助金や対策費の名目で、税金を大盤振る舞いし、自派議員を拡大再生産することによる自らの政治力の確保であった。こうした政治力の確保こそが財源配分における田中派の政治力の大きさと強さそのものであった。

その意味では、田中角栄の政治スタイルは彼の死をもって終焉したのではなく、その配下にあった政治家へとその政治生命は引き継がれていったのである。それは田中が作りあげた「システム」の継承であった。要するに日本政治の「田中化」、あるいは日本の経済政策、とりわけ地域政策の「田中化」であった。すなわち、ロッキード事件で自民党総裁――したがって首相も――を辞任して亡くなるまでの一三年間ほどは田中角栄の「生身」の政治の季節ではなかったが、その後、自民党総裁・首相を務めることになった竹下登（一九二四～二〇〇〇）など五人の田中派議員、さらにはその周辺にあった政治家もまた大なり小なり田中の政治スタイルを確実に継承していったのである。

田中角栄を土建屋政治家として位置付ければ、実際、衆議院議員初当選から五～六年も経たない間に、田中は「道路法」案、「道路整備緊急措置法（ガソリン税法）」案、「道路整備特別措置法（有料道路法）」案のいわゆる「道路三法」を議員立法として提案して、その成立へ実に精力的に動いた。そうした田中の経験は、後に「日本列島改造論」など「地域総合開発」の立案でも十二分に生かされることになった。

田中角栄は土建屋の「おやじ」――田中派の政治家も田中を文字通り「おやじ」と呼んでいた――の延長線上に、道路などの整備立法屋としてその名をとどろかせ、公共工事の利益配分を代表する政党政治家像を築いていった。しかし、中小企業経営者の「おやじ」という印象が強い田中角栄であるが、田中が日本の中小企業政策の形成に果たした役割への研究は、きわめて断片的である。高度成長期から米国への繊維製品の輸出急増によって、日米間で外交問題化してきた繊維貿易の摩擦は田中角栄が通産大臣のときに解決されたが、それは中小繊維業者に対する織機の廃棄を促す見返りとしての巨額の対策費――実質上の補助金――によって支えられてきたものでもあった。当時、田中の前任者として関わった大平正芳（一九一〇～八〇）や宮澤喜一（一九一九～二〇〇七）など官僚出身政治家にはなかなかできなかった芸当であったろう。この意味では、自らも中小企業の経営者であった田中角栄は中小企業経営者たちの精神の在り処を知り抜いていたともいえよう。

だが、ほぼ同時期のニクソンショックの際の輸出依存度の高かった中小企業性分野――中小企業性業種――への対策費、米など農作物をめぐる貿易交渉の際の補助金による解決手法は、現在になってみれば、中小企業や農民の国際競争力をむしろ中長期的に脆弱なものとさせてきた側面があったことを決して軽視してはならない。治療薬と一緒で、政策にもつねに副作用が伴うのである。

一時期に成功を収めた政策といえども、それは一定条件の下で整備・実施されたのであり、政策の成功を支えた諸条件がある期間まで継続したことで、その成功もまたある程度まで保証されたわけであって、政策の前提となった条件が変化すれば、その成功の度合いは著しく減じるのである。

つまり、政策が当初の目的を達して多大な効果を生みだしたとしても、そうした効果がその後も長く継続するはずはない。薬にも薬効期間があるように、政策にもまた有効期間――寿命――があるのである。(＊)

＊わたしが取り組むことのできたのはせいぜい中小企業政策の一部であったが、それでも政策にはやはり寿命があるのであり、スクラップ・アンド・ビルドが必要である。詳細はつぎの拙著を参照。寺岡寛『日本の中小企業政策』有斐閣（一九九七年）、同『中小企業政策の日本的構図―戦前・戦中・戦後―』有斐閣（二〇〇〇年）、同『中小企業と政策構想―日本

の政策論理をめぐって―』信山社（二〇〇一年）、同『中小企業政策論』信山社（二〇〇三年）、同『中小企業の政策学―豊かな中小企業像を求めて―』信山社（二〇〇五年）。

概して政策は、華々しい成功をとりわけ短期的に収めたがゆえに人びとの脳裏と生活感に強く記憶され、制度＝慣性力となるが、一方、そうした政策を見直し、場合によっては大幅に変更することは困難になるのである。そこにはいわゆる、成功の逆説――パラドックス――があるのである。田中角栄の政治スタイルと政治手法もまたこの例外たりえなかった。どの時代のどの政治家にも「功罪」がある。そうした功罪とは、その誤謬を認め、障害となっていた諸問題を根本的に変革することができなかったという点において、後世のわたしたちに対してもその責任はきわめて重いのである。

政治家としての田中角栄とその政治のあり方について、時代の要請によく対応し得た「功」への評価とともに、時代の要請に対応しすぎたがゆえにもたらした「罪」についてもきちんと評価を下しておくことが、後世のわたしたちの責任である。学者にとってはそこに、「後世の学者判断」が問われるのではあるまいか。

第一部　日本政治と政策決定

ここでは日本政治を代表する政治家の一人としての田中角栄を取り上げておく。いうまでもないことだが、田中角栄が中小企業政策立法のすべてに関与したわけではない。だが、国民の声に耳を傾ける陳情型の田中政治においては、大企業と同様に中小企業経営者の声にも耳を傾けざるをえないわけで、直接、間接に関与した。

官僚には選挙がないが、政治家は選挙で選ばれつづけることがなければただの人となる。必然、選挙で勝つためのさまざまな利益配分をめぐる政治が展開されてきた。これは田中の時代に突出したけれども、日本の戦前からの政党政治においても巣くってきたのであり、また、現在の政治もそのようなスタイルから脱却できているわけではない。

第一章　日本的政策の光景

日本政治と中小企業

戦前の制限選挙下の一部特権階級の政治とは異なり、すべての国民に選挙権が与えられた戦後民主主義とは政治の大衆化であった。そのデモクラシーは「マネークラシー」という側面を戦前以上に強くさせた。この意味では、田中政治は、戦後にこそその活躍の場が与えられたといえるが、その原型は戦前型を代表した政治家たちまでさかのぼる必要がある。これについては、次章でそうした戦前型政治のあり方を取り上げて論じたい。

田中角栄の衆議院議員初当選は昭和二二［一九四七］年であって、その前の戦後最初の衆議院選挙には落選している。田中自身もこのことについては、おりにふれ、言及している。田中の秘書を長く務めた新聞記者出身の早坂茂三は『怨念の系譜―河井継之助、山本五十六、そして田中角栄―』で田中の選挙初挑戦と落選についてつぎのように説明している。

「田中角栄がなぜ政治家になったのか。彼はほとんど何も語っていない。熊本県出身で民政党代議士(**)だった大麻唯男(*)が田中土建の顧問をしていた。戦後、この老政治家が町田忠治を担いで日本進歩党の結成に奔走し、彼に頼まれて角栄社長が結党資金に〝いくばくかのカネ〟を出した。これが縁で昭和二一〔一九四六〕年四月、戦後第一回の衆議院総選挙に立候補したが、次点で落選する。大麻に『カネの十五万円も出して、御輿に乗ってれば当選する』と勧められ、これを真に受けて臍を噛んだのである。」

＊大麻唯男（一八八九〜一九五七）――熊本県生まれ、東大卒業後、内務官僚をへて政友本党へ入党、立憲民政党へ転じ幹事長となる。戦中は東条内閣で国務相となる。戦後は公職追放となるが、解除後に改進党の結成に参画、鳩山内閣で国家公安委員長をつとめた。

＊＊町田忠治（一八六三〜一九四六）――秋田県生まれ。東大卒業後に官僚となるが、二年後に朝野新聞や報知新聞に転じ、その後、東洋経済新報社を創設した。山口銀行総理事などを務め、関西の財界との結び付きも強かった。衆議院議員として一〇回当選し、戦前、若槻、浜口、岡田の各内閣で農相、商工相、蔵相を歴任。日本進歩党総裁もつとめたが、公職追放となった。

以後、田中は自社の社員ぐるみ、仕事がらみで選挙戦を粘り強く勝ち抜いていくことになる。田中角栄と中小企業、とりわけ「土建業者」との関連は、新潟県などの公共工事について田中に近い土建業者をトップにすることで、その工事を受注した下請関係者が選挙の際の集票マシーンとなっていった。ただし、これは何も田中角栄だけに限ったわけではなく、大なり小なり利益配分政治という政党政治の基盤であった。

田中が官僚出身の政治家と大きく異なったのは、小さな建築会社から身を起こし、自身で選挙資金をやりくりした経験であったろう。地方の一介の中小企業者であった田中は、初当選の国会で、中小企業振興を強く訴えている。早坂は国会議員としての田中角栄の最初の歩みをつぎのように紹介している。

「同年（昭和二二〔一九四七〕年―引用者注）九月二十五日の自由討議では、最初の政策的な提言として中小企業振興の必要性を訴えた。自身が中小企業経営者である角栄は、政府による資金、資材の供給が大企業本位に計画されている現実を痛烈に批判し、経済民主主義を要求した。彼が主張した政策＝中小企業対策庁の設置、中小企業者金融対策の整備、経営相談所の開設などは、現在でも中小企業対策の根幹をなしている。……二十九歳の青年政治家は、三回の自由討議で、民主政治と国民大衆の関係を正確に認識し、中小企業を〝平和日本〟の尖兵と位置づけ、住宅を国民の安息所と捉えていた。敗戦後の混迷した政治状況の中で、角栄の示した方向感覚が田中政治の原点となった。」

その後、田中は昭和二五〔一九五〇〕年の「炭管汚職事件(＊)」一審で有罪判決を受けたが、すぐに控訴し、翌年には無罪を勝ち取り、その政治生命を辛くも繋いだ。強運の持ち主であった。

田中は昭和三〇〔一九五五〕年に、後に「五五年体制」といわれるようになった自由民主党結党に積極的に参加し、党内での基盤を着実に築いていった。そして、二年後には三九歳で郵政大臣に、四年後には四三歳で自民党の政策を総括する政務調査会長に就任、その後さらに大蔵大臣、自民党幹事長、通産大臣などの要職を歴任した。そして、昭和四七〔一九七二〕年に自民党第六代総裁となり、田中内閣を組織した。マスコミが「今太閤」と賞賛したように、徒手空拳の秀吉の如くあっというまに政治家のトップとなったのである。

＊炭管汚職事件――片山社会党内閣が炭鉱の国家管理を目的とした「炭鉱国家管理法」案を国会に提出したことに対して、炭鉱主が猛反発し、法案成立を阻止するために国会議員に賄賂工作を行ったとされる事件である。結局のところ、当初の法案は炭鉱主の要求に沿ったかたちで修正され成立した。田中角栄など八名の政治家と炭鉱業者四名が起訴され、金銭は賄賂ではなく政治献金であると判断され、政治家は無罪となった。

田中角栄は中小企業政策への言及も多く、同じ中小企業経営者から、その「決断と実行」に大きな期待を寄せられた政治家であった。また、田中は国会答弁で官僚が作成した作文を棒読みするような多くの政治家とは異なり、そうした原稿にも自分で手を入れ、ときに肉声で語った政治家であった。いわゆる「番記者」として田中に身近に接してきた馬弓良彦は『戦場の田中角栄』で、田中の等身大の姿についてつぎのように書き記している。

「田中は文章にうるさい。几帳面と言ってよい。多くの政治家は秘書や役人に代筆させる。文意さえ通れば、文章にはあまりこだわらず、悪文であっても平気である。田中はのちに、幹事長、蔵相などの激務の最中でも、可能な限り自ら筆をとった。やむを得ず代筆させるときでも、でき上った原稿に、納得のゆくまで赤筆を入れた。そして、簡潔なインタビューであっても、口述がそのまま原稿になるように配慮する。……田中が二度目の自民党幹事長当時、私は田中の記者会見や即席のメモが、そのまま新聞の文章になるのに驚いた。……佐藤栄作首相のあいまいで不得要領の発言、国会答弁とは対照的であった。」

田中の演説はいまではインターネット上で聞くことができる。それは実に独特で、言論の論理的な不整合性や唐突ともいえる脱線ぶりにも関わらず、聴衆を引き込む何かをもっている。それは選挙戦での街頭演説や、ありとあらゆるところの政治折衝で鍛えられ、第二の天性として身に付いたものだったろう。それらの言説や言動は、あいまいな発言が記者によって起承転結がつけられて新聞記事になった政治家のものとは明かに異なっている。

つぎに衆議院での発言から、彼の政治的原風景をふりかえっておこう。田中角栄の国会での産声は、当選した年の七月一〇日の第一回国会衆議院本会議であった。

日本政治の政治的原風景

第一回国会で民主党所属の衆議院議員となった田中角栄は、自由討議ということで発言を許された一七人のなかの一人として、戦後民主主義にふれつつ自由討議の重要性についてつぎのような発言を残している（漢字などは現代表記にしている。以下同様）。

「本会議場において活発なる討議の展開ができますることは、明朗なる政治、すなわちガラス箱の中での民主政治の発達助長に資すること大なりと思うものであります。議会における自由討議は、議員個人においてなさるべきものでありまして、所属政党の主議政策の線を逸脱するようなことが、もしありましても、あえてこれをとがむべきものではなく、しかも、これに対する答弁も、個人の自由質問に対してなされる答弁でなければならぬと思うものであります。（中略）

自由討議は、個人においてなし、個人議員の発言に対し答えらるべきはずでありまする……議員は一人というも、これが背後に十五万五千人の国民大衆があって、この発言は、まさに国民大衆の血の叫びなのであります。……今後における自由討議の議題は、政府の当面せる重要緊急問題、たとえば、過日公布されたる飲食店閉鎖のごとき、緊急で、正式に議会にかけるいとまのないようなもの、または議員の自由意志による議題を求めて、適宜議長において採択付議されたいと思うのであります。また自由討議は、議員の選挙演説の余憤でもなく、まして一場の漫談でもありません。自由討議で採択されたものは、これを院議として政府鞭撻の資にされたいのであります。

なお自由討議は、でき得るだけ、議会に余裕の生じたときに、適宜議長の裁量により行わるべきことが最も適当であり、一昨八日の本会議のごとく、傍聴国民諸君を、暑熱と汗の中に三時間もカン詰にしておきながら、常任委員長並びに常任委員の選挙だけで本会議を閉じてしまうがごときことのないように、そのときこそ、自由討議が活発に展開さるべきものであると思うのであります。爾後の自由討議は、運営上において納得と了解の機会を十分にとらえること、第二に、発言者においては、宣伝演説をして大臣をつり出すの愚を排しまして、熱意と自信をもつこと。かくして、自由討議の運営よろしきを得れば、わが国民主主義の政治は、一段の飛躍をなすことを信ずるものであります。（拍手）」

これは田中角栄の若いころの初々しい発言であった。「国民大衆の血の叫び」とは落選したものの、最初の選挙の田中のスローガンであり、選挙ポスターにも使われたものである。第二回目の挑戦のときに、田中が選挙演説に来ると、田中角栄という名は知られなくとも子どもたちが「血の叫び」が来たと揶揄したともいわれる。

田中がこのあと再度、国会で発言する機会が与えられたのは九月二五日の国会であった。水害についての三木武吉（一八八四～一九五六）――逓信大臣――の発言のあと、日本自由党の小峯柳多（一九〇八～七四）――群馬県選出、当選六回、自由党副幹事長などを務めた――が提案した「中小商工業振興対策」に関する自由討議で「中小企業経営者」田中角栄も積極的に発言している。最初に口火を切ったのは日本自由党の辻寛一（一九〇五～八三）――愛知県選出、一〇期当選、昭和四五［一九七〇］年に衆議院国土総合開発特別委員会委員長――であった。

辻は「今後における中小企業がわが国経済再建の中核となるべき重要問題であるという御見地から、それぞれ熱心な御発言が……その大略は、近く政府が決定せんといたしております中小企業対策要綱の線に近く、その強力にしてかつ迅速なる実施方の御督励のように拝聴いたしたのであり……議題提出の当番でありまするわが党といたしまして、敬意を表する次第であります。」と述べた上で、戦後経済復興における中小企業の重要性をつぎのように強調した。

「敗戦後におきますわが国経済の地図は、……その中にぽっかり大きく浮かび上がってまいりましたのが、実にこの中小企業の地位でありまして、これを復活し、これを基盤とし、これを中核体として、初めてわが国経済の建て直しができると信ずる……ただ林君の、特に中小工業に力点をおかれ、むしろ商業に対しては、いささかさじを投げておられるようなお口ぶりに対しましては、異論があります。」

辻は、中小企業政策とは、直近の最重要課題である物資不足を解決するために中小工業者だけを対象とした政策ではなく、あくまでも「中小商工業」政策であるべき旨を強調して、自由党の中小企業政策が対象とすべき二つの課題を指摘した。一つは中小商工業者に対する物資統制の解除であり、二つめは中小商業者と消費者組合や生活協同組合との競合状況の解消であった。

辻は最初の課題について、「今日中小商工業者の最も切実な叫びとして、できるだけ統制の面を少くして、業者の創意とくふうと努力によっては思う存分伸び得るところの自由経済の面を、できるだけ押し拡めてほしいという、これがその要求であります。……できるだけ速やかにこの統制を解くということが、最も懸命な策であると私どもは固く信じております。従来の統制癖が骨の髄までしみこんだものとみえまして、今はもはや必要でなくなっておるというよりも、どちらかといえば邪魔になるような統制が、惰性的に盛んに行われております。現に青物の統制なども、その出荷、配給、いずれも統制を解くことが最も妥当であるにもかかわらず、これをやり得ないという状態である。しかも、この不必要な統制の陰に、独善に酔いしれた官僚と、統制様々、ふところ手をしておつて、とかく甘いしるに酔いがちなところの統制団体のボスどもによって左右されがちなこの統制の悪弊は、速やかに是正さるべきものであると考えます。」と強く主張した。さらに、辻はつぎのように主張しつづけた。

「乏しいものは、たといちょっぴりでもいいから、公平に配分しようじゃないかというので、この統制ということも起ってくるのであろうと思います。その理窟に毛頭異論はございません。しかしながら、世の中で大切なのは、理屈よりも実際の動きであります。統制のわくをはめて、いわゆる正規のルートに乗せようとすると、どうしたものか、もともと少ないものが、たちまち姿を没して、ちょっぴりの配給さえ行き悩みになるばかりか、やみ値がどんどん上っていく。統制を解くと、どこから現れるか、俄然出よわりがよくなる。これが、われわれが現実に見ておるところの世相であります。」

つまり、現実には、統制政策が不効率な物資配分そのものをもたらしているのであって、より自然なかたちとして、自由取引の制度を拡大させる政策が必要であるとしたのである。名古屋高等商業出身の辻は「自由市場のもとにおきましては、自然に起る生産の増加と、荷まわりの増加によりまして、値は下る。一方、消費者の側におきましても、買入れ選択の自由がありますから、そこに家計のやりくりが自然にうまくできてくるものである。世間知らずの役人や、公式一点張りの統制論者が、机の上や頭の中で心配されるようなことは決してありません。」と説いた。

あまりにも非効率になっている統制経済に代わって自由取引の必要性を積極的に主張した辻は、当時の片山内閣の経済政策も強く批判し、「経済の原則は、あくまで自由市場をもち、自由価格と自由競争を認めていくところに、その円満なる発達を期し得られるものであると私どもは信ずるのでありまして、統制はやむを得ない過渡期の現象である。経済の変則なるがゆえに、順を追って、できるだけ速やかにこれを解除すべきであり、特に中小商工業の面におきまして、これが復興を念ずるものにとりましては、統制経済は絶対に鬼門であること、これは与論のひとしく指差すところであると確信をいたします。（拍手）けだし、中小企業復興と自由経済の復活とは、一にして二ならず、切っても切れぬ血のつながりをもっておることを、わが党は力説してやまないものであります。」とも述べている。

このあとも、辻は「中小企業の復興」を「牽制」する消費組合や生活協同組合の結成の動きについてふれ、その動きを消費者の「無理からぬ……自衛的手段」としつつも(*)、「こういう種類の組合が、時流に乗って、むやみやたらにできるということは、中小企業の復興を妨げ、配給を混乱させ、結局消費者大衆が功徳を受けるよりも、むしろ負担を加重する結果に終ることをおそれるものであります。」と主張している。

＊消費者の協同組合結成やのちの公設市場の開設による小売商人への対抗は、第一大戦前後の物価高騰の時期にまでさかのぼることができる。小売商人たちが販売価格を引き上げることで「暴利」をむさぼっているのではないかという消費者の被害意識から、自分たちが自ら商品を購入して適切な価格で販売できる消費組合や生活協同組合を結成したのである。しかしながら、その後、協同組合は消費者だけではなく、中小零細小売商の組織化の一手段となり、商店街振興政策へとつながっていくことになる。

辻はそうした消費（者）組合の結成傾向が「創意・工夫・熱意・勤勉・責任観念」に富み、敗戦後の日本経済の復興に大きな貢献をしつつある「中小企業家」の圧迫につながるとし、「社会的構成から申しまして、さしずめ中産階級であり、中堅層である。この堅実なる階級が地すべりをするということは、これまた大きな社会不安の一つの原因となることに思い及ばねばならぬと存じます。」と説いた。そして、政府が協同組合をもっぱら振興するのではなく、同時に中小企業もまた振興対象とすべきであると強く主張したのである。

すなわち、

「そもそも既存の中小企業家と生活協同組合とは、まったく平等の立場において、公正自由なる競争をなすべきものである。生活協同組合に対してのみ保護助長し、または何らかの特典を与えるがごとき立法化は、あくまで差控えなければならぬはずであるにかかわらず、伝えられる社会党の案なるものを検討いたしまするに、元来公正自由なるべき競争を阻み、既存業者に圧迫を加えるがごとき不当不合理なる点が少からず目につくのであります。

たとえば生活協同組合には、所得税も、法人税も、営業税もかけない、こういう条文になっております。今日重きに過ぎる租税負担に苦しんでおる商工業者を尻目にかけて、かような広範な免税の特典を組合にのみ与えんとするのは、不公平な片手落ちの態度であると申すべきであります。政府は、中小商工業者の唯一の拠りどころであるところの商工協同組合に対しましてすら、私的独占禁止の趣旨に副いまして、近くその改正案を提出せんといたしておると聞く矢先におきまして、生活協同組合に対する社会党の態度は、まさにこれを逆にいこうといたしておるような感じがいたします。」

自由党員である辻は「重要産業の国有国営をめざして、社会主義の旗印を推し進めんとする社会党は、一面において、この生活協同組合の組織を通じて、その他一切の産業を漸次組合一色に塗りつぶし、国有国営にひとしき境地において、その本来の目的を戦いとろうとする社会主義のイデオロギーなるものが、あたかも平清盛の衣の端からちらちらのぞいたよろいのごとく、この法案の条文からありありと看取されることは、われわれあくまで自由主義経済を固守せんとする者にとっては、まったく末恐ろしき法案であって、もし、かような形をもってこの法案が立ち現われるのであろう限りは、ただに目前に迫る中小企業の盛衰といった立場に止まらず、広く再建国家の消長を賭する意味におきまして、あくまでこれを食い止めなければならぬという覚悟を、あらかじめ固めつつあるものであることを、ここにあえて断言いたします。」と述べて、自由主義の担い手としての中小企業家を擁護し、戦後の経済復興政策も中小企業政策を含むものとして早急に実施すべきことを強く求めた。

辻のこのような発言に対して、日本社会党の松原喜之次（一八九五～一九七一）――大阪府選出、日本社会党中央委員、衆議院大蔵委員長などを歴任――はすぐに反発し、中小商工業の問題は「中小工業と中小商業とに明確にわけて取上げなければならない」のであって、「中小商業は現実の問題といたしまして、従来国家の保護助長等の政策の対象とはあまりなっておらなかったのでありますし、また現在におきましても、これを必ずしも積極的に助長育成の対象とする必要はないという現状にあり、これに反し、中小工業は最も悲惨なる窮地に陥っている状態でありまして、これは一日も早く国家の手によって保護助長しなければならないという状態にあるのであります。」というように、中小工業政策の重要性と優先度を主張した。

もっとも、松原も商業問題の重要性をまったく無視したわけではなく、「いわゆるやみの商業を正常なる商業に帰しまして、これらの真にまじめなる商人が、安んじて商業に邁進するような環境を、一日も早くつくらなければならない」としたうえで、「商業協同組合の発達ということは、その共同の利益を進め、自立力を強化するために重要なる今日の課題であると存ずるのであります。従ってわれわれは、商業の協同組合が今後十分なる発展の余地あるべき政策を、ここに政府の方針として樹立せられることを希望いたす」と言って、商業協同組合の重要性とともに、「生活協同組合が世界的にその発達を見、しかも、いずれの国におきましても、決して商業者の生存を脅かしてはいないという実情」を強調している。

中小工業政策を重視する松原は、中小工業に対しては「ほとんど無為無策、ただこれを掲げて標榜せられるだけであって、実際に何らの施策をなされなかったというのが事実であります。殊に傾斜生産方式が採用されてこの方、中小工業はその犠牲となりまして、今日彼らがその資金の面において、資材の面においても、はなはだしき窮地に陥っておるのは、これすなわち従来の政府の犠牲となったものである」と批判して　社会党の中小企業政策の正統性を主張したのである。松原が具体的に掲げた中小企業政策とはつぎのようなものであった。

（一）中小商工業者を対象とする専門的金融機関の設置——「金融部面に対する救済策として、一般金融機関再建整備とともに、ここに中小工業者及び商業者のために特殊なる専門金融機関をつくり、強力にこれが救済に邁進しなければならない」こと。

（二）中小輸出工業の振興——「過般設定せられました輸出入回転基金をできるだけ適切に運用し、重要資材を中小輸出工業のためにできるだけ輸入し、また国内にあるところの遊休物資を徹底的に活用いたしまして、そうしてこの資材難に悩むところの中小工業に対して救援をしなければならない」こと。

（三）中小商業と同様に中小工業に対しても協同組合制度の普及——「中小工業に対しましては、工業協同組合の助長発達によって、その共同施設を進め、あるいは共同の金融を行わしめて、その自衛力を養成強化いたさなければならない」こと。

さて、中小企業政策をめぐるこうした議論のやりとりの後に登壇したのが田中角栄であった。田中は、「わが国の産業の長い歴史は、中小企業をもって母体として築かれてまいったのであります。第一次世界大戦後、世界経済圏に重要なる地位を占める機会を与えられましたところを転機といたしまして、大企業が徐々にわが国産業界の主軸となり、昭和初年において、都市集中の大企業に圧迫され、中小企業は漸時不振と相なり、加えて今次戦争開始により、軍閥官僚の強度の統制による企業合同となり、あるものはやむなく休業もしくは廃業の運命になり、終戦直前においては、中小企業の影をさえ止め得ない状態に立ち至ったのであります。」とわが国の中小企業の置かれてきた「厳しい」状況を述べたうえで、つぎのようにわが国の中小企業の「輝かしい」歴史を振り返っている。

「中小企業と集中的大企業とを比較いたしますときに、過去の日本の中小企業者がいかに優秀なる成績をあげたかを顧みて、十分その重要性を認識できるのであります。問屋と生産業者、親工場と下請工場というがごとく、資金と技術面に相当なる犠牲を忍んでさえ当時世界市場に送り出され、薄利多売の日本製品として、一部において恐怖とさえされた自転車、電球、時計その他ほとんどが、家内工業または手工業ともいうべき分散的小規模企業が最悪条件下において生んだ製品であり、日本中小企業が世界産業界に立てた金字塔であると思うのであります。」

そして、「終戦後二箇年、創意とくふう、汗と涙と意欲を基調とした新しい中小企業復興の気運は、日に増し活溌と相なってきておるのでありまするが、終戦後のわが国は、衣食住の点におきまして、必然的に都市集中の大企業にはおのずから制限があるのであります。戦後の産業復興は、一にかかって中小企業の発達にまつの現状を思うとき、中小企業の助長育成こそ焦眉の急なりと思うのであります。政府の中小企業に対する施策は、戦時中祖先伝来ののれんを巻いたこれら業者に対する一片の涙金の交付であってはならぬのであります。しかも、失業救済的補助金の支出であっては断じてならないと思うのであります。重要基礎産業の国家管理、生活協同組合法、公団法等々、一歩その運用を誤ったならば、わが国中小企業は破滅に瀕するのであります。」と、大企業偏重政策の変更と積極的な中小企業政策の必要性を説き、中小企業について田中自身の現状認識を示したうえで、政府の当時の中小企業政策をつぎのように厳しく批判している。

(一)中小企業が日本経済の世界経済への復帰に果たすべき役割をもった存在であることへの認識不足――「中小企業……は、沈滞せる国民の生産意欲を向上し、切瑳琢磨、高度製品の生産は、自由貿易を活発ならしめ、やがて国際経済圏の一員として復帰する大きな役割をなすのであり、加えて農村工業の発達により、農山漁村生活の合理化となり、中小工業都市の発達は、大都市人口集中の排除ともなり、わが国再建の意気まさにここに生まるる」こと。

(二)中小企業振興の重要性と必要性――「中小企業の発達助長は、過去におけるまったく自由な、そうして一面資金・資材面における大量のロスを認める中小企業の再現を意味してはならぬ……資金並びに物資需給状況において極度に逼迫せるわが国現状においては、生産の効率性に主眼をおきまして、極限ある資材の高度有効活用が必要であります。中小企業に関して、当然優劣適否の選択が行わるべき……私的独占禁止、企業集中排除等により、自由公正なる競争経営下において健康なる中小工業の発達を希望し、貿易再開の主役として世界市場の信用をかち得つつ国際経済に伍していくという、平和日本の尖兵としての責任を果すための中小企業の発達育成でなければならぬ」こと。

(三)中小企業と振興策の不十分な現状――「資金、資材、技術及び経営の全般において、ほとんどが戦時中における不遇の延長であります。現政府としても、現在までその重要性を認めながらも、中小企業の経済発展の特殊事情の実態把握の困難に突き当り、総合的施策の発表もなし得ず、いたずらに拱手傍観の状態にあるのであります。その例といたしましては、中小企業の指導育成機関の設立、たとえば中央並びに地方の中小企業対策本部のごとく、資金・資材の確保、経営の合理化、技術面の指導、全国的企業の調整、業種・製品の検定等々、緊急になさねばならない幾多の機関の新設も、未だなされておらない」こと。

(四)大企業優先と中小企業軽視――「資金・資材の面においては、政府の政策はもっぱら経済安定本部中心の傾斜生産のみに向けられ、ほとんどが大規模産業本位であります。第二・四半期産業資金計画においては、重点産業だけでも数百億円の巨額を計上するも、かんじんの日本産業再建の基盤となる中小企業部門は、わずかに一億五千万円に止まっておる現状であります。これでは、何ほど中小企業が意気ごんでも、発達しようはずがないと思うのであります。重点主義もよろしいが、かくのごとき予算の組み方では、一部のこれら産業資金がやみ経済促進の根源ともなる可能性があるということを、政府は十分に認識せねばならぬ……この予算面における殿様格たる資金の一部一割でも、中小企業者のためにもし割いてもらえるとしたならば、最小限度必要といたしましておりますところの十五億円くらいの資金獲得は容易にでき、しかも全国中小企業は活発に回転を開始する」こと。

(五)中小企業予算の少なさ――「資金面には特殊な対策が必要である。金融面では商工組合中央金庫がありますが、これはわずかに資本金三千万円であり、しかも債券の発行限度は、十倍の三億円であります。すでに発行限度までは、あと四千万円を残すのみ……三億円というと、われわれ貧乏人にとりましては巨大なる額に聞えまするが、和田安定本部長官の言われるマル公六十五倍といたしますと、ちょうど昭和十年度の四百五十万円であります。しかも、やみ値を二百倍と押えましても、驚くなかれたった百五十万円であります。この金額は、現在の内務省、経済安定本部のおられるあの鉄筋コンクリートの庁舎一つをつくるだけの当時の建築資金に該当するのであります。全国中小企業運転の資金としては、雀の涙ほどにもならないのを、はなはだ遺憾とする」こと。

(六)中小企業金融政策の必要性——「中小企業金融難打開の一案として、市街地信用組合、商工協同組合等の貯金を商工組合中央金庫に集中いたしまして、金融配分を円滑にすることも良策……特に市街地信用組合は、当然企業金融の建前でありますから、商工組合中央金庫と提携すべきでありまして、社会政策的消費金融を行う庶民金庫に所属さるべきではない……商工協同組合、市街地信用組合、商工組合中央金庫の拡充強化は緊急の問題であり、なかんずく商工組合中央金庫は、半官半民三千万円の資本金を、五倍ないし十倍に引上げ、これが債券発行高も、資本金の十倍ないし二十倍にせねばならぬ……手続煩雑で貸出限度の小さい復興金融公庫の中小事業部も、でき得れば商工組合中央金庫に移管するを妥当……中小企業は重点産業に関連性が少ないために、融資は常に後回しになるのでありますが、事実かくのごとき偏重主義の強行は、健全なる中小企業の破壊を意味し、社会不安に加え、民生安定の阻害を来すのであります。(拍手)資金配分計画を審議するため、信用委員会をつくり、配分に万全を期」すべきこと。

田中の短期間での「猛勉強ぶり」を彷彿とさせるような、新人議員としては堂々とした意見陳述であった。中小企業対策予算額について、「この金額は、現在の内務省、経済安定本部のおられるあの鉄筋コンクリートの庁舎一つをつくるだけの当時の建築資金に該当するのであります。全国中小企業運転の資金としては、雀の涙ほどにもならない」とする見方は、建設・建築業者としての田中角栄の皮膚感覚的表現であるといってよい。

また、具体的な金額を挙げての説明などは、その後、大蔵大臣や首相となった際の田中角栄の政策発表の原風景をすでに感じさせる。田中は彼に許された時間のかなりの部分を中小企業の金融問題と金融対策に費消していて、中小企業政策に関する勉強ぶりには感心させられる。

また、当時、社会党系議員の発言などと比較すると、独占禁止法の運用と中小企業重視の政策などで、かなり与野党間で共通部分があったことがわかる。この点は、自由党のその後の中小企業政策の方向を考えるうえでも興味を引く。

発言時間をすでにオーバーしていた田中は議長に結論を急ぐよう促され、つぎのように彼の意見陳述を終えている。

「貯金・貸出のみでなく、債務保証及び損失補償をなすべきであります。経営技術の指導機関については、先日商工大臣の答弁にもある通り、中小企業対策局または庁のごときものを早急に設け(*)、経営・技術・金融等各分野の調整をはかられたいのであります。特に地方商工局の拡充強化、地区別中小企業指導委員会または企業相談所の急設を要求したいと思います。戦後経済の根幹をなす中小企業振興対策のうち、金融関係、特に金融機関拡充につきましては、政府に具体策がありましたならば、商工大臣あるいは大蔵大臣から御答弁を煩わしたいと思う。」

＊中小企業庁については、この翌年に経済産業省の外局として設置されることになる。この経緯については、寺岡寛『日本の中小企業政策』有斐閣（一九九七年）、渡辺俊三『戦後再建期の中小企業政策の形成と展開』同友館（二〇〇三年）を参照。

なお、参考までに、田中角栄の後に発言に立った国民協同党の川野芳満（一八九八〜一九七九）――宮崎県出身、衆議院議員九期当選、自民党政調会副会長などを務めた――、第一議員倶楽部の中村元治郎（不詳）――日本農民党から当選、奈良県選出、第二回選挙では落選――、日本共産党の野坂参三（一八九一～一九九三）――山口県出身、東京都選出、衆議院議員三回当選、参議院議員四回当選、共産党初代議長などを務める――の発言も紹介しておこう。

川野芳滿は戦中の企業整備令によって大きな打撃を受けてきた中小企業者の不利益に言及しつつ、政府の「中小商工業振興対策要綱」(*)にふれて、「施策が伴わなかったために、これは作文として終ったわけであります。ゆえに私は、真に政府が中小商工業者の振興ということを考えるならば、言行一致の政治を要望するものであります。すなわち、言うたことは必ず実行するというところの強い政治を行わなければ、現在の中小商工業の振興は至難である」と指摘した。

＊中小商工業振興対策要綱――商工省が昭和二一［一九四六］年立案した要綱である。寺岡寛『中小企業政策の日本的構図――日本の戦前・戦中・戦後――』有斐閣（二〇〇〇年）を参照。

川野もまた田中と同様に、復興金融公庫による中小企業への金融助成予算の少なさを問題視したのであり、商工組合中央金庫などから中小企業への融資増額を訴えた。また、政府の統制政策については早急な撤廃を促す一方、生活協同組合の普及については支持を表明した。

他方、中村元治郎は政府の「小商業者」＝露天商排除の姿勢をつぎのように取り上げた。

「露店商は、政府特に当局官僚によりまして非常に圧迫せられ、その上苛酷なる取扱いを受けている……内務省や警視庁の諸君は、露店業者といえば、一種特別な者のみが営む下卑な商業だと考えておられるのではないでしょうか。……それこそ重大なる誤りである……わが国戦前までの都市における躍進的発達の基礎をなしたものは、財閥でも百貨店でもありません。ただ一つ露店あったのみであります。すなわち、東京における浅草あるいは銀座、大阪の千日前または道頓堀、京都の四条、新京極、これらはみな、元は人通りもまれな川端、墓跡あるいは罪人の仕置場跡などで、このさみしい場所において最初露店を並べ始めたことによって大衆が集まるようになり、これが商店街、繁華街を築くこととなって、遂に今日の都市となったのであります。最も近い例は、無謀な今次戦争によって廃墟と化した無残なるこの焼跡に、復興を目指して起ち上った先駆者は、言うまでもなく露店業者である。しかも、今日の露店業者中には、戦争の犠牲者たる海外の引揚者、復員者、戦災者、遺家族方はもちろん、戦前までは堂々たる有産階級であった人々も、今日この露店によって多く救われたということは、何人も認めるところでありましょう。」中村はそうした露天商の保護を訴えるとともに、「これはひとり露店商のみに対する政府のやり口ではなく、中小商工業者に対する政府の態度でもあります。終戦後のわが国の経済は、現物賠償による設備の撤去や財閥の解体により、大工業の大部分を喪失し、いきおい中小商工業が国家産業の中心とならざるを得なくなりました。しかるに、かかる中小商工業者は、今なお傾斜生産の犠牲として、政府権力の不当なる圧力のもと、その振興が妨げられていると断言してはばからないのであります。私はここに中小商工業の振興策として申し上げたいのは、中小商工業に向って重点主義をとれと言うのではありません。ただ中小商工業に対して、政府権力をもってこれを抑圧するなと言うのであって、政府が不当なる圧迫を避けるということが、中小商工業振興の根本対策であると信ずるものであります。」と主張した。

興味深いのは、田中角栄も中村と同様に傾斜方式による戦後復興がもっぱら大企業だけを優先させる政策であって、中小企業への恩恵が少ない政策であると批判している点である。

つぎに、野坂参三の発言をみておこう。野坂は「中小工業と貿易再開の問題についてだけ」発言すると前置きした上で、わが国の貿易再開にともなって政府の発表した「貿易振興対策要領」における貿易公団方式――野坂のことばでは「国家独占資本」――を批判した。また、野坂は政府の輸出振興の前提にあるのは「産業の合理化」であり、政府の輸出振興のやり方は中小企業に配慮した政策ではないとつぎのように批判した。

「この要領の一項目に、海外において競争するためには、産業の合理化をやらなければならぬと言っておる。これは……結局現在の設備と機械と、これに基づいてできるだけの安い生産費によってやるということ、言いかえれば、昔のスウェッティング・システム、低賃金、これによってやろうとしておる。ここでは、やはり昔のソーシャル・ダンピングをやろうとしておる。この二本建、すなわち一方においては官僚統制、一方においてはスウェッティング・システム、これによってやろうというのが、あの要領の根本ではないか。この結果、結局犠牲にされるのは中小企業で、これにおいては、中小企業の独自性もない。イニシアティヴもなくなる。全てが政府、官僚によって統制される。こういう形になっておると思います。」

この後、野坂は共産党の推す政策として、「今の政府の発表したあの方式とは全然反対の方式、刈賑的な方式をとるべきだと主張したい。たとえば資金の問題にしても、この資金を、今の政府が発表したような方式ではなくして――結局、今中小企業に資金がまわらないのはどこにあるかといえば、三井、三菱、安田の財閥銀行、彼らは大企業あるいは目前利潤の浮ぶ企業には投資・融資もするが、しかしながら、中小企業には融資をしない。そこで、われわれとしては抜本的な方策をとるべきだ。それがためには、社会党の選挙中、選挙前に主張されたごとく、銀行その他の金融機関の国家管理、私たちは、さらに進んで国営を主張したい。これによって初めて銀行がほんとうに国家のために、そしてこれが全人民のために使える。言いかえれば、また中小企業のためにも使える。この方向に向けることができる」と強く主張したのである。

さらに、野坂が取り上げたのは、他の議員と同様、当時の物資不足の厳しい状況であり、とりわけ、中小企業の生産再開に必要な資材がなかなか配分されない現状であった。野坂は重要産業こそ政府が統制すべきであって、従来のような国家による一方的な統制ではなく、「民主的な統制、私たちの言葉でいえば人民管理、これを行うときに、初めて銀行にしても重要産業にしても、人民の利益のためにこれが使えることになる。こういう方向に進んだときに、初めて中小工業の繁栄」が約束されることを主張した。

野坂は、中小企業のあるべき繁栄とは「労働組合自身が中小企業における経営にも参加する」ことによって達成されうることを強調した上で、「中小企業を浮ばせるもう一つの策としては、……中小工業の協同組合化、これを私たちは主張したい。これによって資金、資材、機械設備その他のものを一つのプールにする。ここに一つの共同経営、共同会計を設け、これによって初めて、一人々々の中小企業は弱いが、これが何百人あるいは何千人と集まったら、この協同組合は大きな力をもってくる。これによって初めて大企業にも対抗することができ得る」と締めくくっている。

最後に、戦前からの労働運動家であり、当時の商工大臣であった水谷長三郎（一八九七～一九六〇）――日本社会党の結党に参加――は、以上のようなさまざまな質問や政策提案のうちから、特に田中角栄や野坂参三の質問に注目してつぎのような「答弁」を行っている。

「特に私の答弁を求められましたのは、民主党の田中さんでございますが、それは中小企業に対する金融のわくが少な過ぎる、特別なる金融機関を設置する考えはないかという点を指摘されまして、商工組合中央金庫の拡充・拡大を主張されたのでありますが、御案内の通り、商工組合中央金庫は半官半民の機関でありますので、これをこのままの形で存続せしむることは適当でないと考えておりますので、われわれといたしましては、目下別途中小企業のための特別な金融機関に関して研究を進めておるような次第でございます。とりあえず、われわれといたしましては、中小企業に対する金融のわくの拡大につきまして、別段の努力をしたいと思っておる次第でございます。

さらにまた共産党の野坂さんから、貿易再開後今日までの足どり、なお今後の見透しに関しての重大な御質問がございましたが、この問題はきわめて重大なる問題でございますので、なるべく近い適当の機会において具体的に政府からお答えしたい、このように考えておる次第であります。」

こうした国会での中小企業政策に関する発言以降、田中角栄は彼の出自である中小企業についてだけではなく、自らの業界である建築業界に関連する法案などの国会審議で発言の比重を増していくことになる。例えば、昭和二五［一九五〇］年の第七回国会では、田中は他の五議員とともに「建築士法」案を提出し、その成立に大きな役割を果たしている。その後、土木建設委員会に属した田中は、国会審議などでわが国の土木・道路行政について知見を深めていくことになる。

田中は昭和二七［一九五二］年の第一三回国会衆議院本会議に「道路法」案と「道路法施行法」案を提出した。当時、建設委員会の理事にすでに就任していた田中は、この法案の提出によって道路行政において指導的な役割を果たしていくことになる。田中は提案理由を「現行道路法は大正八年に制定されたまま、現在に至る約三十年間、ほとんど改正らしき改正を加えられることなく、わが国の道路管理の基本法として存続……新憲法下、近代的な法律形態として不適当な幾多の点が明らかになりましたので、今回その全面的改正の要に迫られた次第であります。」と述べている。

田中の具体的な提案とは、国道は国の所管とし実際の管理を都道府県知事とし、その他の道路については地方公共団体の所管・管理とし、道路用地の収用による損失については補償制度を設け、建設大臣の諮問機関として道路審議会を設置することにあった。このような田中を代表とする議員立法提案に対して、日本共産党の池田峰雄――茨城県選出――はつぎのように反発した。

「建設大臣は、かつて、その車中談におきまして、議員立法を何らかの形において押えたいというような発言をして、本院において重大な問題になったことは、諸君御承知の通りでありますが、建設大臣は、今度は手をかえて、建設省案を議員立法という形に扮装して、この道路法案を出して来たのであります。形式は議員立法、内容は官僚案、または議員立法に官僚のオーケーをとったもの、こういう立法の方法を慣習とすることによりまして、実質的には議員を官僚独裁の隠れみの、道具にしようという腹黒い陰謀があるということを、この際指摘しておきたいと思うのであります。」

たしかに池田議員のいうように、田中がたった一人でこのような法案を作成できたわけではなかった。田中が政策の方向性を提案し、それに沿ったかたちで官僚たちの実務知識を積極的に利用するやりかたを確立させつつあったのである。その後の田中の政策手法の原点がここらあたりにあったといってよい。さらに、田中は他の議員とともにこの年末に開催された第一五回国会でも「道路整備費の財源等に関する臨時措置法」案を提案し、その立法主旨を自らつぎのように説明している。

「わが国道路整備の進捗状況を見まするに、昨今のごとき道路予算をもってしては、その整備にはなお数十年の年月を要する……これに要する財源の確保は、現下の急務であります。……米国においてはガソリン税を道路の目的税となし、道路は画期的に改善されております。また目的税制度をとらない国でありましても、わが国のごとく、道路費がガソリン税収入を下まわるというような国はちょっと見当らない……昭和二十四年度以来、揮発油税法によってガソリン税を徴収しておりまして、しかもその約九〇％以上は道路関係より徴収せられておる……ガソリン税収入を道路の目的税とするか、あるいは少なくともガソリン税収入に見合える金額は当然に道路財源に繰入れらるべしとの世論は、道路利用者を始め、国民の声として、ほうはいとして起って参ったわけであります。……（中略）……第一に、道路整備五箇年計画を確立いたし、揮発油税収入額に相当する額をこの道路整備計画の実施に要する資金の財源に充てること。第二には、地方公共団体に対する負担金の割合または補助率につきましては、道路法及び道路の修繕に関する法律の施行に関する政令にかかわらず、政令によって特別の定めをすることができる……」

以後、田中は道路族議員のなかで首領的地位を着実に築きつつ、道路行政を通じて、彼自身の、さらには田中派議員の選挙区などの道路関係者、建設・建築関係者を中心とする集票マシーン機構を確立していくことになる。

また、その後、田中は地域開発の利害と道路建設などインフラ整備を組み合わせる手法で、建設官僚なども動員して、「日本列島改造論」構想を発表することになる。その原点はこの頃にあったといってよい。田中は衆議院建設委員会での「学習」を通じて、日本国内のさまざまな地域の実態と地元政治家の利害との関係をつかむことができたのである。

そうした地域開発の発想と手法については、この時期の国会での田中角栄の発言にその片鱗を見出すことができる。田中は昭和三五［一九六〇］年の第三四回国会で自由民主党だけではなく、日本社会党や民主社会党の議員たちにも働きかけ、「北陸開発促進に関する決議」案を提案している。のちの日本列島改造論につらなる動きとして参考になるので、やや長くなるが、提案決議の全文を紹介しておこう。

「わが国経済は、近時著しい伸長発展を遂げつつあるが、反面、これらの産業活動は、おおむね大都市を中心とする先進地域に集中して、後進低開発地域との格差を増大し、経済の跛行性をますます助長していることは、国民経済の均衡ある安定的発展上、まことに遺憾とするところである。

ことに、北陸地方は、積雪寒冷地帯等の自然的悪条件に加えて、従来国の積極的施策に乏しく、ために産業経済ははなはだしく立ち遅れを余儀なくせられ、住民所得、地場資本、地方財政力等いずれも全国的水準を下まわり、経済の悪循環による本地方の低位後進性は、ますます顕著の度を加え、旧態依然として、いわゆる「裏日本的」宿命を脱却し得ない実情である。

しかしながら他面、本地方は、阪神、京浜及び中京の三大商工業地帯と密接につながり、各種資源の供給源として重要な地位を占め、かつ、日本海を中心とする対岸貿易の拠点的役割をにない、更にまた、幾多の観光資源に恵まるる等多大の開発効果を期待し得るものがある。

すなわち、これがため、交通諸施設の整備拡充、災害の防除等経済基盤の培養強化と産業構造の高度化を図り、総合的地域開発を強力に推進するにおいては、ひとり本地方の民生の向上、福祉の増進に資するのみならず、広くわが国経済の発展に寄与するところきわめて大なるものがあると確信するものである。

よって、政府は、すみやかに国土総合開発の一環として、本地方における画期的開発計画を確立し、これに伴う必要適切な特段の措置を講じ、もって施策の万全を期すべきである。右決議する。」

田中はこの全文朗読のあと、日本経済が高度成長を続けているにもかかわらず、それが国内の地域格差――「地域的アンバランス」――をむしろ拡大させつつあることに強い危惧を示して、「地域開発の跛行性を打破して、全国的視野に立って経済施策を確立し、いわゆる経済の体質改善を行なうことが刻下喫緊の急務である」と主張した。この分析結果が示唆しているように、田中は当時の高度成長がもたらしていた負の側面も端的にとらえていたといってよい。

田中は成長著しい「阪神、京浜、中京等の先進商工業地帯と地域的につながりながらも、……常に日陰に取り残され、いわゆる裏日本的な宿命にあえいでいる」北陸地域への抜本的な対策を訴えた。「裏日本」という表現をあえて使ったように、田中は、積雪寒冷地帯等の自然的悪条件のもとに置かれてきた地方の遅れを強く意識していたのである。

田中は北陸地域の発展可能性については、その立地条件についてふれ、「前述のような先進商工業地帯に密接なつながりを持ち、内陸には、水力、労働力のほか、石灰、珪藻土、陶石等の原料鉱産資源を埋蔵し、海には、日本海を中心とする沿岸漁業基地としての水産資源をかかえ、また、対岸貿易の拠点的地歩を占め、将来における多大の開発効果を期待し得るものと思われるのであります。さらにまた、近来とみに重要視せられてきた観光事業の面におきましても、立山、白山の名峰その他幾多の温泉源を持ち、豊富な観光資源に恵まれております。」と今後の開発の可能性を大きく評価してみせた。

さらに田中は「本地方の総合的地域開発に画期的方策を立て、強力にこれを推進いたしましたならば、……広く国家経済の大局的見地においても貢献するところきわめて大なるものがある……政府はすみやかに本地方の実態に関する基礎調査を行ない、これに伴う基本計画の確立と相待って、開発事業の実施推進に特段の方途を講ぜらるるよう、特に要請するものであります。」と結んでいる。このような政策提案は北陸地方に選挙地盤をもつ与野党議員にとって魅力あるものであった。

ここらあたりで、自由民主党内で頭角を現しつつあった当時の田中角栄の政治に対する考え方をみておこう。昭和三七［一九六二］年一月の第四〇回国会での池田首相の施政方針演説に対して、田中は自由民主党を代表して質問に立っている。田中は憲法から国会運営、日韓外交にいたるまで多岐にわたって発言を行っている。このうち、政治家としての経済政策に関わる田中の発言を取り上げておこう。まず興味を引くのは、田中が行政改革の必要性をこの時点にすでに訴えていることである。田中はつぎのように述べている。

「戦後のわが国行政制度及び機構、組織は、一面において民主的に近代化された面もある……他面、制度をいたずらに複雑化し、機構、人員を著しく膨張し、国民負担を著しく増大した……なかんずく、戦前の数倍にも達する公務員が、お互いなわ張り争いを繰り返し、行政の渋滞を来たしている少なからざる事実を思うとき、行政の改革、整理は万難を排しても断行すべきであります。（拍手）政府が今回、この問題に根本的メスを入れようと決意をせられたことに敬意を払うとともに、大きな期待を寄せるものであります。積極的な行政整理は明治以来の懸案でありましたが、歴史の示す通り、これをなし遂げることは難事中の難事であります。私は、行政制度の根本的改革のため、権威ある機関を設け、相当期間をかけて調査検討することも必要と思うが、それとともに、すでに明らかになっておる部分については、ちゅうちょすることなくこれを実行することが望ましいと存じます。」

このあと、田中は「経済問題、なかんずく国際収支の問題、財政と金融制度の問題、中小企業対策、自由化の問題等、各般については、予算委員会において同僚議員の質問によって明らかにされることと存じますので、物価と賃金関係について承りたいと存じます。」と述べ、民間給与の引き上げを誘っている公務員給与の「決定方式」による物価上昇への影響を重要視した発言をしている。さらに、田中は「地域格差の是正と低開発地の開発について政府の考え方を承りたい」と切り出し、高度成長の成果に恵まれていない地域を含んだ国土総合開発の早急な実施を強く求めている。

「低開発地域はおおむね水力発電府県であります。そして工業用水も豊富であり、天然の良港にも恵まれておる……政府及び世の識者が、目を広く全国各地にはせ、拙速主義を排して、万世に太平を開くの気概で国土の総合開発を進めたならば、この狭い日本の国土も合理的に開発され、人口も大都会に過度集中することなく、普遍的に定着し、生産工業の基盤もより合理的に強固になると信じます。……そんな方法で進んでいくと、大都会には全人口の何割かが過度に集中し、その混乱排除は、作るよりもこわす方によりも大きな力と金が必要となる……第二次大戦直後より、イギリスがニュー・タウン法を制定して、国力の何割かを投入し、ロンドン市の分散に汗をかいておることを考えれば、一目瞭然たることであります。大東京と大阪は、今にして交通は混乱麻痺の寸前にあります。一大勇気をもって都市改造法の制定を求められておる現状を直視すべきであります。（中略）私は、低開発地域の総合開発の推進、新産業都市の建設等は、このような事実の認識の上に立って強力に推進さるべきだと考えます。総理の所信を承りたいのであります。」

この年、田中角栄は池田内閣で水田三喜男（一九〇五～七六）――千葉県選出、自由民主党政務会長、通産大臣などを歴任、一三回連続当選――の後の大蔵大臣に就任している。就任早々、田中は国会で高度成長下の政府の制度融資を支えている産業投資特別会計について政府答弁に立っている。この時には、後に「日本列島改造」論で知られることになる公共工事というインフラ整備と産業開発を通じての地域開発という政策実行は、すでに頭に宿っていただろう。

いずれにせよ、田中はきわめて短期間のうちに自民党内で政策通としての地位を確立したのである。田中の関心領域は、国会議員に初当選した頃の中小企業からやがて、地域開発、道路・地域インフラ整備、そしてそのための財源確保というように広がり、それを一体化する政治手法の確立へと向かうのである。それは後に金権政治として、自民党体質の泥をすべて引き受けるような批判を受けることになる。

政策通としての田中角栄

小さな土木事務所の経営者から国会議員へと転じた二八歳の若き田中角栄にとって、昭和二〇年代は、政権与党＝政府に対して政策を質す時期であった。その後、田中は自由民主党内で短期間のうちに政策通として頭角を現し、昭和三〇［一九五五］年には衆議院商工委員会の若き委員長として国会に登場した。

田中は第二二回国会衆議院本会議では、内閣提出の中小企業金融関係の三法であった「中小企業金融公庫法の一部を改正する法律」案、「商工組合中央金庫法の一部を改正する法律」案、「中小企業信用保険法の一部を改正する法律」案の審議で答弁に立っている。

一年生議員のときに、田中は中小企業に対する公的融資枠の早急な拡大を政府に要求したが、その八年後には商工委員長として、「近来とみに窮迫を告げつつある中小企業の金融難を打開し、その近代化を促進し、積極的にその振興をはかるために、資本金を百七十億円に増資、元利金回収とあわせてその運用資金量を増大確保せんとした」中小企業金融公庫法――昭和二八［一九五三］年設立――の改正に大きな役割を果たすようになっていた。田中は政府へ政策を質す立場から、政府にあって政策を実行する立場へと移ったのである。

商工組合中央金庫については、田中は「最近の金融事情の逼迫にかんがみ、……政府より十億円を出資してその機能の強化をはかり、もって中小企業金融の円滑化に資せんとするものでありまして、これにより同金庫に対する政府出資額が、既往の分二百十万円と合して十億二百十万円、優先出資三億七千二百万円、組合出資十三億円、合計二十六億七千四百十万円の資本金となるわけであります。従いまして、十億円の新規増資のほかに金融債発行限度を高め、いよいよその資金源は豊富となる」ことを強調した。

中小企業信用保険法については、田中は「本制度をよりよく改善し、機能の強化拡充を行い、中小企業金融の緩和に資せんとする……第一は、中小企業者の範囲に新たに酒類組合等を加え、保険最終受益者の範囲の拡張をはかったことであります。第二に、融資保険を短期の貸付にも適用し得ることといたしたのであります。第三に、融資保険について、新たに会社更生法の規定による更生手続開始の決定、または商法の規定による会社の整理開始の命令もしくは特別清算開始の命令があったときにおける貸付金の回収未済を保険事故に加えたことであります。第四に、信用保証協会の保証機能を広げるとともに、同協会を相手とする普通保証保険及び金融機関を相手方とする保証保険について、保険の塡補率を現行の六〇％から七〇％に引き上げた」ことを説明した。

いずれの法案も国会を通過している。

この七年後の昭和三七［一九六二］年には、田中角栄は池田勇人内閣の大蔵大臣として国会に登場する。第四二回国会では、「産炭地における中小企業者の問題」と「中小企業の年末金融問題」について、答弁に立っている。当時、日本の石炭業界は石油へのエネルギー転換のなかで休閉山などの問題を抱えており、その直接・間接の影響をうける中小企業も多く、資金繰り改善への支援が政策課題となっていた。田中はこの問題についてつぎのように答えている。

「石炭対策のうち、産炭地における中小企業者の問題について、……産炭地における中小企業につきましては、三つぐらいに問題が分類せらるるわけであります。その一つは、売掛金についてであります。売掛金を直接何とかしてやるということは、なかなかむずかしい問題でありますので、税法上の準備金制度の活用をはかって参りまして、中小企業の税負担の軽減等の具体的措置を考えていくということが第一点でございます。……第二は、中小企業がその地域で事業を遂行していこうという場合の事業資金の問題……につきましては、政府関係金融機関等から特別の配慮を行なうことを考慮いたしておるわけでございます。第三点といたしましては、炭鉱の休閉山等によって、他に移転もしくは転業をしなければならない方々の資金確保についてでありますが、国民金融公庫に特別のワクをつくる等、特別の配慮をいたして参るつもりでございます。」

他方、中小企業の年末金融問題に関しては、「政府も……円滑化に鋭意努力を払っておるわけでございます。先ほど通商産業大臣がお答えを申し上げました通り、年末金融の具体的なものといたしましては、中小企業三機関に対しての政府融資と買いオペレーション百五十億を含めて、四百億の手当を行なっております。それに加え、市中金融機関も五千億になんなんとする年末中小企業対策を考えておりますので、この状態では、金融の環境好転もありまして、無事越年できるという見通しに立っておるわけでございます。しかし、現実の問題に対しては十分注視をして、配意をし、遺憾なきを期して参るつもりでございます。」とそつのない答弁を行っている。

中小企業向け融資の金利については、田中は「十月、十一月にわたって公定歩合の引き下げもございましたし、なお金融情勢も自然に好転をいたしておりますので、金利も漸次低下の傾向にあって、中小企業の金利負担も、御承知の通り下がっておることは事実でございます。それから、日銀による買いオペレーションの対象として、相互銀行及び信用金庫を考えてはどうかという御質問でございますが、対象に加えるべく、その方針でございます。相互銀行及び信用金庫も買いオペの対象にいたす方針でございます。それから、市中銀行が大企業向けに融資をする場合、下請に直接金が行き渡るように配慮しておるかということでありますが、御承知の通り、再三通達も出し、これが融資にあたりましては、金融機関の協力を得て、これが下請企業まで行き渡るような処置をいたしております。」と指摘した。

昭和三〇年代はわが国中小企業政策史において、戦後の中小企業政策の枠組みを形成することになる重要な立法が成立した時期であった。中小企業基本法もこの時期、昭和三八［一九六三］年に中小企業近代化促進法とともに成立している。この年の第四三回国会衆議院本会議では、田中角栄は大蔵大臣として答弁を行っている。

当時、国会で審議されていたのは内閣提出の「中小企業基本法」案――政府案――、永井勝次郎議員（一九〇一～八七）――北海道選出、日本社会党副委員長などを務める――提出（他三一名）の「中小企業基本法」の社会党案のほかに、向井長年議員（一九一〇～一九八〇）――奈良県出身、全国電力労組会長から社会党議員となり、その後、民社党結党に参加――などの提出による「中小企業基本法」の民主党案があった。これらの法案についての審議を概括しておこう。なお、同時期に、永井勝次郎たちは「中小企業組織法」案と「中小企業省設置法」案も提出していた。

内閣提出案については、当時の通産大臣の福田一（一九〇二～九七）――福井県選出、通産大臣、自治大臣、法務大臣等を務める――が提案趣旨説明を行っている。社会党の田中武夫――兵庫県選出、衆議院議員――は政府提案について「独禁法も有名無実のものとし、不当な独占支配を容認いたしておるのであります。さらに、最近は貿易の自由化を理由に大企業の合併吸収、合理化並びに縦の系列支配を促進し、その目的に沿わない中小企業は政策のらち外に放置し、弱肉強食の冷酷な競争の中で、その整理、淘汰を考えており、政府の中小企業政策は農業基本法と同様、零細企業首切り政策と断ぜざるを得ない……今回政府が提出した中小企業基本法案もこの意図に沿ったもので、中小企業のためのものではなく、大企業のための中小企業基本法案といわねばなりません。」と批判的見解を示している。

田中武夫は社会党案の特徴を「国民経済の二重構造の解消と経済の民主化、自主的な協同化、個々の中小企業者に対する積極的な助成、中小企業労働者の所得増大、さらには中小企業者、労働者、農民相互間の調和の五つの柱……この点、産業構造の高度化、産業の国際競争力の強化を強調するだけで、肝心の大企業の不当独占の排除、経済の民主化を忘れた政府の基本法案と根本的に異なる」とした上で、「本案に規定される抜本的な総合政策を実施するには、大企業の代弁機関と化しつつある通産省の一部局としての中小企業庁ではとうてい不可能でございます。そこで新たに中小企業省を設置し、通産省と対等の立場において、強力に中小企業者の利益を擁護せんとするものであります。」と批判した。

他方、田中武夫は自党――社会党――提案の「中小企業基本法」案の特徴について、中小企業の経営近代化と組織化が密接な関係をもっていること、また、中小企業と大企業との関係については、中小企業分野の確保、下請中小企業と大企業との不公正な取引行為の取り締まり、小規模企業＝勤労事業者への特別な政策的配慮が必要であるとした。田中は工業に偏した従来の中小企業政策から商業重視への転換などの必要性を説き、それを意識したのが社会党案であるとし、さらに、社会党案における中小企業の組織化と協同組合との関係についてつぎのように説明している。

「中小企業の経営を近代化し、発展させて大企業と対等の地位に引き上げるには協同化が必要であります。本案は、特に一章を設けて、従来の多種多様な組織を協同組合に統一し、強制や統制を排し、あくまで自主的協同を組織原則としている……その設立を簡易にし、これに国が積極的な助成措置を講ずることによって、協同組合に入った方が中小企業にとって有利になるような条件をつくり上げ、もって組織化を促進していくべき……政府案がこの組織の問題に一言も触れていないのは、まことに奇異の感を抱かじるものでございます。」

田中武夫の発言の後に、自由民主党の中村三之丞（一八九四～一九七四）――当選八回、運輸大臣など――が質問に立ち、社会党の中小企業省の設置提案に一定の理解を示している。紹介しておこう。

「現在の中小企業庁では、範囲の広い、しかも、強力なる中小企業成長政策の実現は不可能に近い……ことに、中小企業は特殊の経営形態に進歩し、中小企業経営学は、学問として存立するに至っておるのであります。さらに、中小企業者と従業員の数は、農家、勤労者とともに、国民の大多数を占めております。そこで、現在の通産省から独立した中小企業省に発展せしめるべきでありまして、かつての農商務省が農林省と商工省、それから通産省へと進化したと同様であると考えるのであります。政府は、中小企業基本法案と並んで、すみやかに中小企業省設置法案を国会に提出なさるべきものであると信じます。」

中村は、内閣提案については中小企業の経営の脆弱性と政府の指導の必要性、過重な税負担と中小企業経営の近代化の必要性、中小小売商と当時勃興しつつあった量販店との競合問題にふれたあと、中小企業に対する税金問題と金融問題の現状を取り上げ、田中角栄大蔵大臣に答弁を求めている。

また、中村は与党所属議員として内閣提出案を支持しつつも、両案との違いについて「要するに、政府案は、自由経済の中にあって中小企業を成長せしめようとし、日本社会党案は、社会主義計画経済の中にあって中小企業を変革しようとするものでありまして、両者は相合せざる平行線上にあり」と、やや紋切り方の結論を下している。

こうした質問のあと、池田首相の「中小企業の発展こそ国家の隆盛の最大の要因である。従いまして、われわれとしては極力中小企業の振興に努力を続けていきたいと考えております。」というきわめて公式的な答弁に続いて、答弁に立った田中角栄は、中小企業の税金問題にふれている。

田中は「（中小企業政策とは―引用者注）中小企業を育成強化するためでありますので、租税特別措置等が必要であるとし、具体的には、「特定中小企業者の機械設備等について、五ヵ年間、三分の一割増し償却制度の創設、それから中小企業近代化促進法に規定する中小企業の合併の際における清算所得課税及びその登記の登録税等についての負担の軽減、それから同族会社の留保金課税の軽減等、中小企業に対する特別措置は、以上申し上げたように、積極的に行ない、かつ、将来も行なう方針をとっておる」と応じている。

また、市中銀行や地方銀行等の中小企業金融について、田中は中小企業金融に関する一般論を述べた上で、「地方金融機関等がこの種の長期安定的な、また割賦返済方式による長期金融の道を開いていくことについては、政府も賛成をいたすとともに、これが方向について指導をいたしていく予定でございます。なお金利の問題につきましては、中小企業の金利負担がいかに中小企業の育成強化に障害になっておるかということに対しては、政府も十分承知をいたしておりまして、これが適正な金利の確保について、金利の引き下げについて種々考究し、適切な処置をとって参りたいと考えております。」と政府の公式的見解を示している。

民社党案については、井堀繁男（一九〇二〜八三）――福岡県出身、衆議院議員――が説明を行った。井堀の説明をめぐる質疑応答で田中角栄大蔵大臣が発言したのは、小規模企業税法に関する場面だけである。田中は、「井堀さんの政府に対する質問中、私がお答えすべきことは、小規模企業対策として小規模企業税法の確立が必要ではないかという一点であったと存じます。所得の種類、所得の大きさの異なるごとに、特別の税法を設けて課税を行なう必要はなく、また適当でもない……政策的に小規模企業優遇の措置を講ずる趣旨から、特別税法を設けようというようなお考えでございましたら、現行租税特別措置におきましても、中小企業、小規模事業等に対して適切な配慮が行なえるのでございますから、特別措置をとる必要もなく、現行法の運用等において実効を上げ得ると考えております。」と答えている。

当時、日本政府にとって最重要課題の一つは、中小企業政策等も含めたいわゆる内政問題だけではなく、米国との間で外交問題化していた「繊維問題」であった。国会でも、日米繊維摩擦問題が取り上げられていた。後に田中角栄の自由民主党での地位を揺るぎないものとするのは、官僚出身政治家が小田原評定を繰り返すばかりでなかなか政治決着をはかれないなかにあって、最終的に田中が米国側との交渉決着に大きな役割を果たしたことにある。

外交問題と国内問題が政治的に複雑に絡み合った日米繊維交渉は右往左往の結果、昭和四六［一九七一］年、通産大臣となった田中によって決着されるが、その火種は昭和三〇年代からくすぶり続けていた。繊維問題は、佐藤政権の達成悲願であった沖縄返還という政治公約とも相俟って、日米両国首脳の再選と国内産業の保護という利害が絡み合い、それぞれの国において政治外交問題化していた。

交渉責任者は当時、通産大臣であった大平正芳であった。だが、大平は交渉の行き詰まりから辞任し、急遽、同じ大蔵官僚出身で、米国通の宮澤喜一が後任となったものの、交渉ははかどらずいったん決裂する結果となった。

当時の米国の政治状況を振り返っておく。ケネディー暗殺後に大統領となったジョンソンは一期だけにおわり、共和党のニクソンが大統領に就任する。昭和四三〔一九六八年〕年の大統領候補戦において、労働組合の組織率が高く、工賃が高くなっていた北部から南部へと再立地していた繊維業界に対して外国製繊維の輸入規制策を掲げることで、ニクソンは指名を勝ち取っていた。他方、南部選出の民主党議員などが連邦議会で輸入規制法案の成立に力を注いでいたこともあり、ニクソンもまた、外国繊維製品などの輸入規制をなんらかのかたちで打ち出すことを迫られていた。

繊維の輸入規制問題とほぼ同時並行的に進められていた沖縄返還については、昭和四六〔一九七一〕年六月に正式に沖縄返還協定が調印されるが、これに先立つ昭和四四〔一九六九〕年一一月の日米首脳交渉で大枠が決定されている。そこでは、米軍の核兵器の沖縄への持ち込み問題がその主要な交渉課題となっていた。核兵器の持ち込みについては佐藤首相とニクソン大統領の間で密約が交わされたことが疑われ、後にその実在が明らかになった。

繊維問題については、同じ首脳会談の二日目に「一九七〇年一月一日から五年間にわたって」日本からの繊維輸出額を一定水準に抑える旨の密約が交わされたことが、その後、外務省が公開した外交文書で明らかにされている。問題は、佐藤首相の意を受けて米国側と交渉にあたった宮澤通産相などがこの密約の存在を全くもって知らなかったことであった。必然、双方の主義・主張は平行線をたどることになる。

そうしたなか、日本の繊維産業連盟が米国側の強硬姿勢の圧力の下で対米自主規制を打ち出した。だが、米国繊維協会はこの規制効果に疑問を呈したので、南部の繊維業者の票を背景に再選を狙っていたニクソン政権は日本に対して一方的な輸入制限措置を暗示する外交姿勢をとろうとしていた。宮澤の後任となった田中角栄は問題解決の具体的な糸口がつかめないままに、日米経済閣僚会議に臨み、日本政府主導の輸出制限によって損害が予想される繊維産業者に対して国家補償を行う大胆な政策によって決着をはかろうとした。

田中はこのようなかたちで日米繊維交渉を一気に決着させ――これで日本の国内の繊維問題が解決したわけではないが――、佐藤首相の政権中に沖縄返還という政治公約をなんとか実現させることになる。元外交官で防衛大学教授をつとめた孫崎享は、『戦後史の正体―一九四五～二〇一二―』で繊維貿易交渉の「密約」とその後の影響についてつぎのように指摘する。(*)

「キッシンジャーと若泉のあいだでは、核兵器についての合意はうまくいきました。ニクソンと佐藤が合意すればよかったからです。しかし、繊維問題になると繊維業界との合意が必要となります。もともと秘密外交では処理できない問題でした。ここから破綻が出てきます。……佐藤は、若泉が独断先行気味に合意した繊維密約を、官僚や繊維産業の代表に打ち明けることができなかったのです。その結果、ニクソンとの約束を破ることになりました。その後、日本の繊維産業の代表者が、政府間の協定を必要としない三年間の輸出規制をニクソンの政敵であるミルズとのあいだで合意したと発表します。……政敵であるミルズが解決することになったのだから大変です。繊維問題は単なる貿易問題ではありません。ニクソンにとっては、大統領選の公約ともいえる大問題だったのです。」

＊若泉敬（一九三〇～九六）――国際政治学者、佐藤栄作首相の意をうけてキッシンジャーなどとの間で沖縄返還問題などの下交渉を行った。

米国との繊維貿易摩擦に関わる問題については、この時点より以前、昭和三八〔一九六三〕年の第四三回衆議院本会議で、日本社会党の加藤清二――愛知県選出――が「米国の綿製品輸入制限に関する」外交・内政問題について、つぎのような緊急質問を行っている。紹介しておこう。

「このたび発生いたしました綿製品貿易に対する過酷な申し入れは、……単なる綿製品輸出のみならず、その根底は深く、幅は広い。ここに良識ある日本人の多くが心配をし、社会党のみならず与党の中にも憂色のただようゆえんであると思うのでございます。事の起こりは先月九日、ただいまワシントンで難航いたしております。なぜ難航するか。それは米国が、貿易漸増を目的としている国際繊維協定の趣旨に反し、日本品制限を強化するの方途に出たからにほかなりません。（中略）規制を受けた四十品目のうち十六品目は何と全米綿製品の一％未満でございます。七品目は一％から二％、五品目は二％から三％でございます。一割をこえるものは別珍、ギンガム等四品目しかございませんが、これは国際協定ですでに規制済みの問題でございます。

二国間に協定があり、自主規制を忠実に履行しているという点でございます。……貿易自由化を迎えました今日、貿易バランスの不均衡はすみやかに是正さるべきでございましょう。……今回のアメリカの要求は、不均衡を一そう助長する結果を招来するのでございましょう。これが前例となって毛製品その他の品目に影響を及ぼすという心配が、繊維業界を中心としてすでに起こっているのでございます。（中略）……アメリカ国家としては輸入規制しないが、各州法が優先するゆえに規制するとの口実でボイコットされたあの事実は、日米友好通商航海条約がアメリカ州法に従属した悪例といわなければならないのでございます。これはアメリカ憲法に違反し、このたびの事件は国際法違反の疑いが濃厚と思うのでございます。」

＊別珍、ギンガム――別珍はベルベティーン（velveteen）を略して漢字をあてたもの。綿ビロードのことであり、服地や和装では足袋や下駄の鼻緒に使われる。他方、ギンガムは縦糸に席染の綿糸、横糸に晒し糸を用いた縞模様の綿布である。夏用の婦人服などに使われる。語源的には、マレー語の縞柄から来ていると言われる。

加藤議員は大平正芳外務大臣や福田一通産大臣に繊維貿易摩擦を解決する具体的な政府対応策について答弁を求めた。だが、大平等は「政府としては鋭意努力している」といった抽象的な答弁に終始し、外交などに影響を及ぼす言質を取られることを避け、議論は一般論に終わっている。その後、大蔵大臣の田中角栄が答弁に登場して外務大臣や通産人臣よりはるかに踏み込んだつぎのような発言を残している。

「対米貿易の問題につきまして、輸出と輸入について非常に日本が入超であるということを言われた……対米貿易においては非常に大きく改善せられておるわけでございます。……綿花の問題も、御承知の通り、原材料を入れて日本がこれに加工して、逆に輸出をする……そのような意味においては、日本はアメリカに対して、アメリカが日本の輸出市場としては世界最大のものであるという事実を認識しながら輸出を伸ばしていく……われわれも十二月の日米経済閣僚会議におきまして、日米間の貿易、特に日本からの出超問題については十分意見を交換をして参ったわけでございます。

第二の問題は、（貿易及び関税に関する一般協定―引用者注）八条国移行によって自由化されると、アメリカ側の日本に対する輸出の方が伸びるのだというような観点に立っての御意見でございますが、……より積極的に、前向きにアメリカに対する輸出を伸ばしていくという考えでございます。それから、自由化に対して外貨危機を一体どうして乗り切るのかということでございますが、……御承知の通り、国内産業を整備し、輸出第一主義として、国際競争力の培養等、各般な施策を行ない、予算措置を行なっておるのでございます。また、特に対米貿易におきましては、シップ・アメリカン、バイ・アメリカン政策に対しても、日本政府としての強い意思表明をいたしておりましたので、外貨危機等は招いてはならない、こういうことを考えておるわけであります。」

当時、日本経済にとって最大の課題は、米国などから強く求められていた貿易・資本の自由化という「経済的」かつ「国際的」問題をどのように「政治的」かつ「国内的」にすみやかに乗り切るかというという点にあった。そうした時代背景の下で、日本産業の国際競争力をいかに高め、とりわけ輸出をいかに増大させるかという政策課題があった。国会で、「特定産業振興臨時措置法」案が審議されていたのもこのためであった。

「特定産業振興臨時措置法」案については、自由民主党の浦野幸男（一九一四～七七）――愛知県選出、当選六回、労働大臣等――は、「本法案は、特定の産業部門において、大企業たると中小企業たるとを問わず、その産業全体の水準向上をはかることをねらいとしているものでございますから、中小企業基本法案その他中小企業関連法規の適正な運用と相まって、中小企業の振興にも寄与するものであると考えるのでありますが、これに対する政府の考え方、及び本法案において中小企業者の利益擁護のためにどのような対策が用意されておるかを伺いたい」と質問をしている。

答弁に立った池田勇人首相は、まず「特定産業」の国際競争力をどのように高めるのかについてふれ、

「最近の世界の情勢から申しまして、いわゆる貿易の自由化、また関税の一律引き下げという、この新情勢に対しまして、わが国の産業をいかに確保していくかという問題が起こっておるのであります。したがいまして、業種の指定につきましては、自由化の影響を特に受けて、しかも、わが国経済発展の中核的産業である重化学工業を育成し、そうして国際競争力を強める、これが指定の基本に相なるのであります。したがいまして、この趣旨は法案に一応定めました。そうして法案に明記しておるものに準じまして、また産業界の、あるいは金融界の意向を聞いて、それに準じて必要な最小限度の業種を指定する考えでおるのであります。」としたうえで、大企業や中小企業など規模の大小にかかわりなく、特定産業——繊維産業などの振興も含めの国際競争力強化の重要性を強調して、つぎのように述べている。

「本法案は大企業の利益に奉仕するものではないかという疑問……それは誤った考え方でございまして、本法案は、その企業の規模が大であろうが中小であろうが、それは問いません。いわゆる産業全体のレベルアップをはかる法案であるのであります。（拍手）したがいまして、この特定産業振興法によりまして、今後いわゆる特定産業の発展によりまして、関連中小企業の振興も期待できますし、また、国際競争力強化を通じまして、日本経済の成長、ひいては中小企業の振興に大いに役立つと確信いたしておるのであります。」

要するに、繊維など軽工業分野を「捨て去る」とまで言わなくても、これからの輸出において期待をかけることのできる重工業部門——加工組立分野の電気機器や自動車など輸送機器——の競争力を企業合併で強化することが示されたのである。結果、大企業へのさまざまな優遇措置は、産業規模そのものの拡大によって関連中小企業——とりわけ、部品や加工分野の下請中小企業——にとっても恩恵があることが説かれたのである。だが、皮肉なことに、やがて繊維問題のあとに、日米間の家電や自動車の貿易摩擦問題も浮上し、その輸出をめぐる自主規制問題が次々と浮上してくるのである。

当時、日本社会党はこのような政府案を大企業優先主義ととらえ、「市場支配的事業者の経済力濫用の防止に関する法律案」の必要性を主張している。たとえば、前述の田中武夫や板川正吾（一九一一〜二〇一一）――六期当選、栃木県出身――も、「特定産業振興臨時措置法」案が実質上、大企業優先策であり、独占禁止法にも抵触することを指摘している。特に、板川は同時並行的に国会で審議されていた「中小企業基本法」案にも言及してつぎのように述べている。

「通産大臣は、さきに本院において中小企業基本法を提案し、その際、提案の理由として、中小企業基本法は中小企業の経済的、社会的諸制約を補正し、大企業との格差を是正するのが目的であると説明しております。しかるに、本法案（「特定産業振興臨時措置法案」―引用者注）は、いわば大企業中心の合併促進法であります。……おそらく、特定産業の中では二、三の大手企業を中心に中小企業が吸収合併されていくでありましょう。したがって、本法案は、中小企業の立場からいえば、まさに中小企業の切り捨て法であり、また、合併がいやだとして自立経営を続けようとする中小企業には、格差拡大となる法案であります。一体通産大臣は、同一の国会で、さきに中小企業の育成を強調し、本日は中小企業の切り捨て法を提案するというのは、提案者としてその間の矛盾を感じないのかどうか、通産大臣の所見を承りたいのであります。」

ここにみられた「特定産業振興臨時措置法」案に関する国会審議は、戦中の政府統制を思い起こさせるような産業統制の復活を危惧する意見をめぐるものであり、大企業中心の産業再編成がやがて中小企業の経営を著しく圧迫させるのではないかという声が当然ながら起こっていたのである。そうしたなかで、大蔵大臣としての田中の発言は金融や税制に関する技術的な指摘にとどまっているものの、自由主義経済の信奉者である彼自身の考え方を示してもいた。

「わが国の産業につきまして、規模の小さいものがあったり、また、これから国際競争力を強化していくためには相当強く計画性を持たしたり、政府がこれに対して規制をしたりするほうがいいのではないかという、俗に計画経済的なお話がございました。確かに御説のような、実際の面においてまだまだ強化をしなければならない問題はたくさんございますが、……このような考え方を進めていくことは、すなわち、官僚統制式な色彩が濃くなるといって批判のあるところでございますし、この政府は自由経済を基本にいたしておりまして、まず民間人の、国民自体の創意くふうを基礎にいたしまして、政府はその環境づくりを行ないつつ、必要なものに対して強力な助成措置をとっていくという基本的な方策でありますので、この基本線を守りながら濶達な産業の育成強化に資してまいりたい、こう考えるわけでございます。」

統制問題、とりわけ、戦中のような政府統制の復活傾向については、民社党の春日一幸（一九一〇〜八九）──民社党委員長、一四期当選、愛知県選出──も独占禁止法を無視した「大企業優位の産業体制確立」と「国家権力による金融統制強化」を強く危惧するとの見解を示し、田中大蔵大臣に直接、答弁を求めるつぎのような発言をしている。

「特定産業を営む法人の合併等の場合における課税の特例として、法人税または登録税を軽減することとしておる……今日まで租税特別措置法の改止を他の法案の附則で行なった例はきわめてまれであります。これは、租税特別措置法の規定が、負担の公平を著しく害する内容を持つものであり……慎重な審議を要する……田中大蔵大臣は、この慣行を無視して、あえて他日に悪例を残さんとしておる……租税特別措置によってその減税利益を受けているものは大企業が主であって、現状において、すでに租税負担のはなはだしい不公平を来たし、その根本的是正が強く叫ばれておりまするこのときに、さらにそのアンバランスの拡大をあえて辞せないというがごときは、いよいよ独善にして理不尽きわまる（中略）……。

大蔵大臣は、租税行政の責任者として、租税制度の権威とその秩序を確保するために、このような異様な法案の立て方は厳に慎むべきであると思うが、御見解はいかがでありますか、責任ある御答弁を願います。」

これに応えて田中は、戦前のような「重要産業統制法」の復活を否定しつつ、つぎのように答弁した。

「本法律案は、金融を国家権力の統制下に置いて、戦前の重要産業統制法のようなものになるのじゃないかということでございます。……この法案作成の過程において、このような考え方が起きては困るということで、私たちの考えを十分反映をいたしておる……この法案によって、必要な産業体制を確立するために振興基準をつくりますときに、金融界の代表も入りましてこの実情をよく理解をするということが趣旨でございまして、これをもって、国家権力をもって融資をせしめるというような融資強制の部面は全然ないのでございまして、これが戦前における重要産業統制法のような力を持つものでないことは明らかでございます。

それから第二の問題は、現在の財政金融原資は、国民大衆に還元をされておらないで、大企業に集中的に融資をせられておるということでございますが、これにつきましては、三十八年度の予算御審議の過程においても十分申し述べましたとおり、三十八年度の財政投融資の計画だけをごらんになっていただきましても、総額の四九・一％は住宅、生活環境整備とか、厚生福祉施設とか、文教施設とか、中小企業とか、国民大衆の生活安定のために必要なというよりも、直結する部門にこれを充てておるわけでありますし、なお、三三・五％にわたる面を国土保全や道路、運輸通信というような国民生活基盤の向上に資するように充てられておるわけでございます。残りの一七・四％さえも電源開発、輸出振興、石炭対策等に充てられておるのでございますから、本法案によりまして、国民の福祉を無視しておる、また、大企業にこれらの資金が集中的に投資をせられるというようなことは、当を得ないものと考えておるわけでございます。

第三の問題は、本法の附則で租税特別措置を行なうことは、租税特別措置法の改正そのもので行なりべきであるという御議論でございますが、この議論は、春日さんの御趣旨も十分私も了解いたします。いままでのこれらの租税特別措置の問題に対しては、特別措置法の改正をもって当てておりましたのが多いのでございますが、御承知のとおり、公共施設の整備に関連する市街地の改造に関する法律とか、防災建築街区造成法等によりましては、その附則で租税特別措置を規定いたしております。そういうことはあまり好ましいことではないという御議論でございますが、私は租税特別措置法との関連も十分検討して、本法においては附則で改正をすることがより合理的である、このような考えのもとに附則で租税特別措置を行なったわけでございます。御理解賜わりたいと思います。」

同じく中小企業経営者出身である春日一幸と田中角栄には、同世代として国家――官僚――統制を忌避する共通認識と戦後改革意識がその発言の底流にあったといってよい。また、一九七〇年代以降の公共投資額の急増を支えることになる財政投融資――大蔵省資金運用部に貯託された郵便貯金や簡易保険などの国民の貯金である――に言及されていることも注目される。

ここで再び、昭和三八〔一九六三〕年当時の国会の政治日程に戻っておけば、先にふれた「中小企業基本法」案だけではなく、ほかにも「中小企業指導法」案、「中小企業等協同組合法等」改正案、「下請代金支払遅延等防止法」改正案、「産炭地域における中小企業者についての中小企業信用保険に関する特別措置法」案なども審議に付されていた。そうしたなかで、田中角栄もまた当時の池田内閣の中小企業政策の政治姿勢に沿ったかたちで中小企業に関する税制や金融措置に関して、つぎのような発言を残している。長くなるが紹介しておく。

「個人企業に対する累進税率構造において、低所得階層に対しまして、税率の逓減……法人税の年二百万円以下の所得に対する軽減税率の問題……個人企業における専従者控除の問題……同族会社の留保所得課税における一定額の基礎控除等の制度を通じましてこれらの実をあげておる……租税特別措置におきましても……専従者控除の引き上げ、同族会社の留保金課税の軽減、中小企業者の機械等の割り増し償却制度の創設、中小企業の特定の合併についての清算所得課税及び登記についての登録税の軽減等を行なっておるわけでございます。

それから中小企業者に対する金融上の問題でございますが、この具体的処置といたしましては、相互銀行、信用金庫等の中小企業専門金融機関の育成強化をはかりますとともに、財政資金による直接融資、すなわち、国民金融公庫、商工組合中央金庫等の資金量の確保をはかりまして、中小企業の育成強化をはかっておるわけであります。（中略）中小企業の海外進出のために特別な対策ということでございますが、そのとおりでございまして、このためには輸出入銀行からの中小企業に対する長期貸付金の融資、新しい保険制度の設置等、海外進出を可能ならしめる条件をそろえることが必要でありますので、これらに対して政府は万全の処置をいたしておるわけであります。」

なお、田中角栄はこの年、国会で大蔵大臣として登壇して、当時の日本経済の現状と課題について、つぎのような財政演説を行っている。

「貿易・為替の自由化を強力に推進しつつあること、並びに低開発国に対する経済協力につき積極的に努力していることなど、国際経済に対する貢献と協調の実績がその裏づけとなっておる……わが国の地位の向上を可能ならしめた基礎的な要因は、勤勉にして、教育水準の高いわれわれ日本国民の力量にほかならないと考えまして、私は、心からこれを誇りと感じたのであります。（拍手）今後、世界の諸国がわが国に寄せる信頼と期待は増大するものと思われますが、われわれが確固たる自信を持ち、より広い国際的な視野に立って、自らの前途を切り開いていくならば、国際経済社会における有力なる一員としてのわが国の地位がいよいよ強固なものとなることは必然と信ずるものであります。

さて、最近におけるわが国経済の動向を見ますと、昨年秋の引き締め解除以来、経済活動は着実な回復過程をたどっておるものと見られるのであります。鉱工業生産は、本年に入って力強い上昇を示し、雇用、消費は着実な拡大を続け、国際収支もおおむね均衡を維持しております。このように、引き締め解除後における経済活動の回復は順調でありましたが、幸いにして、最近のわが国の経済界には、慎重、かつ、冷静な経営態度が支配的であり、経済活動の拡大が直ちに過熱に至るような勢いは、目下のところ、うかがわれないのであります。私は、わが国経済界が、今後ますます慎重、かつ、合理的な経営態度に徹していくことによって、着実な上昇傾向が持続することを念願いたしております。

今後、わが国経済が、国際経済との交流をますます緊密にし、かつ、国際経済の大勢に即しながら、さらに大きな発展を実現していくためには、わが国経済の有する成長力を安定的な歩度をもって伸長せしめつつ、その基調の中で、経済の各部面において、所要の体質改善を着々となし遂げていくことが肝要であります。

所要の体質改善とは、申すまでもなく、国民経済全体としての生産性を向上せしめ、もって、将来の健全にして調和のとれた経済成長をはかるための基礎的条件を、この際、一段と整備することであります。すなわち、わが国産業の国際競争力の強化、農業、中小企業等低生産性部門の近代化、道路、港湾や住宅等社会資本の充実のほか、産業立地の再編成、労働力移動の円滑化等をはかることであり、さらには、経済発展の根底にある国民の能力の開発と福祉の向上という課題にこたえるため、文教並びに社会保障の強化を期することであります。

このような経済の各部面における質的強化施策を推進し、国民経済全体としての生産性の向上をはかることは、同時に、わが国の輸出力の培養強化、消費者物価問題の根本的解決につながるものでありますから、これらの施策こそ、国際収支及び物価の長期的な均衡ないし安定に至る正道であると信ずるものであります。（拍手）政府といたしましては、このようなわが国経済の質的改善を、健全にして調和のとれた成長基調の中で進めていくことをもって、財政金融政策の主眼としてまいる所存であります。」

敗戦からの経済復興の時期を過ぎ、「貿易・資本の自由化」を迎えつつあった当時の日本経済に関しては、物価上昇などマクロ経済上の問題の解決に加え、ミクロ面では国際競争力において脆弱な部門とされていた農業部門や中小企業分野の早急な近代化が、国会での経済政策をめぐる審議の中心となっていた。田中角栄自身にとっては、この時期は、従来の農業や中小企業といった個別政策だけではなく、道路等などの建設分野から税制や金融制度についての政策知識を吸収し、財政分野へと自らの政治領域を拡大させていく絶好のチャンスでもあったのである。

田中角栄は池田首相の後を継いだ佐藤内閣でも引き続き大蔵大臣にとどまった。ただし、留任中の田中の中小企業政策に関する発言では「中小企業の年末資金手当」への政府の迅速な対応ということぐらいで踏み込んだ発言はさほどみられていない。当時、佐藤内閣に課されたもっとも大きな政治課題はすでに指摘したように沖縄返還問題であったものの、池田政権下で高度経済成長がもたらした日本社会のさまざまな「歪」の是正もまた、早急な政治対応を必要とする時期が来ていた。

昭和四〇［一九六五］年の第四八回国会衆議院本会議で、沖縄返還問題についての佐藤首相の答弁のあとで、田中角栄は登壇し、国際収支の現状にふれつつ、中小企業の金融問題――いわゆる大企業などを優先させる「選別融資」――について発言した。

「私からお答え申し上げる第一は、選別融資の方向にあるというが、かかる重点的、効率的な融資のルートをつくるとすると、中小企業や農業のような金融に圧迫がこないかという御心配でございますが、選別融資ということは、単に政府が資金の統制をしようなどという考えではなく、業界において自主的に、より効率的な資金ルールをつくりたいという考えでございます。誤解のないようにお願いいたしたいと存じます。なお、中小企業や農業の合理化金融等につきましては、特に政府は重点を置いておりまして、中小企業につきましては、中小三機関の融資資金の拡充その他条件の緩和等、十分な配慮をやっております。農業等の低生産部門の近代化、合理化に資するための融資につきましても、農林公庫の資金量の拡大その他の処置をとっておりますから、民間資金の融資ルールをきめるということが、よしんば行なわれたとしても、中小企業や農業に対する融資が圧迫せられるというようなことはございません。なお、減税につきましては社会党案の御説明がございましたが、私も十分拝承いたしております。まあ、社会党案といわなくても減税はできるだけいたしたいということが、わが党内閣のずっと長いことの姿勢であります。過去十年間に延べ一兆二千億円、現在の数字に換算すると約十兆円にも及ぶ大きな減税が行なわれておるわけであります。」

この年は「日本列島改造論」の先駆けとなる「新産業都市建設及び工業整備特別地域整備のための国の財政上の特別措置に関する法律案」が国会に付された時期でもあったことに留意しておいてよい。同案については、「地域格差の是正対策の一環として」立案されたことが政府側から主旨説明されている。

自治大臣であった吉武恵市（一九〇三〜八八）——内務官僚出身、厚生大臣、労働大臣も務めた——の当時の発言にもあるように、論議の中心となったのは「公共投資を集中的かつ短期間に行なうことに伴い、地方負担が急激に増大し、しかも、これらの対象地域における関係地方公共団体の財政力も十分でない事情を勘案いたしますると、これらの地方負担に対し、国が国家的見地に立って財政上の特別措置を講ずる必要がある」のか否かの問題であった。

佐藤首相もこの点について「その全貌につきましては……六兆三千億円というたいへん巨額の金でございます。いかにも大きい金でございますが、御承知のように、これは国、地方並びに民間、この三者が負担するものでありますし、また、昭和五十年までという十年間のものでございます。ただいま御指摘になりました中期経済計画あるいは地方財政計画等から見ましても、この程度のものはこなし得る、かように私どもは確信をいたしておる次第でございます。」と発言した上で、つぎのように長期計画の必要性を指摘していた。

「一九地区、これはいかにも多いのではないか、あるいはまた、御趣旨では、あるいは少ないのではないか、かような意味のようにもとれる御議論でございましたが、御承知のように、過密都市対策、同時にまた、地方と都市との地域格差をなくするその対策として、それぞれの政策をとっておるのでありまして、一九地域、これはまずまず適当な数ではないか、……この基本計画を立てます際には、もちろん、地元において過大な計画を立てないように、また実施可能なように、また、産業が重なり合わないように、かような立場に立ちまして十分基本計画を審査するのでありまして、ただいまのような御心配の点はないと思います。ただ、私が申し上げたいのは、この基本計画を実施するにあたりましても、長期的観点に立って見ていただきたい。しばしば工業立地等はそのときの景気変動の要因に左右されることが多い、かように考えますので、長期的観点に立ってこれを見ていただきたい、そうしてこの開発計画を進めていきたい。」

高度経済成長による都市の過密化と地方の疲弊化が、全国で佐藤内閣の時代に同時並行的に進んでいたのであり、都市と地方との間に生じた経済格差の是正が政治日程に上っていた。そのための地域振興をめぐる計画案の策定と政府承認については、政（地方選出議員や地方議員）、官（地方自治体）、財（地方経済人）、入れ乱れての猛烈な陳情合戦が行われていた。

田中は大蔵大臣として、そうした計画に関わる「事業費が計画どおり確保できるかということにつきましては、ただいま自治大臣がお答えをしたことで足ると思います……新産業都市や工特地域の地方団体は、産業立地条件的に見ますと、非常に恵まれた団体でございます。でございますから、建設事業の進捗によりまして将来財政力が豊かになってくるということは期待できる……一九ヵ所に及ぶ六兆三千億余の事業費というのは、これは公共投資だけではなく、国、地方公共団体及び民間投資を合わせて想定した数字でございます。これら事業の進捗の計画をうまくやれば、この資金は十分確保していけると思いますし、また確保しなければならないと考えておるわけであります。これが事業進捗のために、今年度の予算におきましても、新産業都市等調整費の増額を行ないましたり、地方債計画にある地方開発事業債の増発を行なったり、港湾整備事業債等の増額、地域開発金融における開銀及び北東公庫（北海道東北開発公庫─引用者注）等の融資ワクの大幅増大等によって対処いたしておるわけであります。」と国会で楽観的な見通しを語っている。

国土開発の問題については、その後、昭和四七［一九七二］年にも「工業再配置促進法」案でほぼ同様の議論が繰り返されることになる。同年の第六八回衆議院本会議で、当時、佐藤内閣の通産大臣となっていた田中角栄は、この法案のねらいを「太平洋ベルト地帯に工業生産の七〇%強、人口の五〇%が集中し、一方では人口の著しい減少と財政窮迫に悩む市町村が全市町村の約三〇%にも及ぶに至り、これにより、住宅難、交通渋滞、環境悪化等の過密問題と過疎問題とが、同時に発生いたしている……こうしたいわば国土資源の片寄った利用による諸弊害を是正し、今後とも長期にわたってわが国経済社会の活力を持続し、国民生活の向上をはかっていくことが、われわれに課せられた重大な使命であると考えます。木法案は、かかる見地から工業生産の全国的な平準化の促進を柱として、国土利用の再編成を進めるため、工業が過度に集結している地域から工業の集積の程度が低い地域への工場の移転及びその地域における工場の新増設を、環境の保全と雇用の安定に配意しつつ推進しようとするものであります。」と説明している。

この年、田中角栄は通産大臣として、金とドルとの交換停止による、いわゆる「ニクソンショック」で、円の対ドル切り上げの影響を大きく受けつつあった産地や中小企業への対応に追われている。ニクソン大統領がわざわざ八月一五日の終戦記念日──降伏文書の調印は九月二日──を選んで金とドルの交換停止、輸入品への一〇%の課徴金の実施などを発表したことは、日本の対米輸出に対する米国政府の強硬な外交メッセージであることを示唆していた。田中はとりわけ、直接、間接にその影響の大きかった中小企業への対応策を「新しい社会経済計画の再検討」という政策課題に引き寄せ、国会でつぎのように発言している。

「現に新しい社会経済発展計画を再検討いたしておる……時期にあたりまして、新しい長期的経済計画の中で、中小企業、零細企業をどう位置づけなければならないということの青写真をかいて国民の前に提供することが望ましい（中略）しかし、中小企業というのは、世界に例のない特殊なものでございます。小回りがきき、しかも日本的なメリットの多いものでございます。それだけに、一つ一つの企業は小さいものでございますが、しかも、日本の経済の中に占める中小零細企業のウエートというものがいかに大きいかということは、私が申し上げるまでもないのでありまして、全く日本の経済全体が転換をするというぐらいな考え方で中小零細企業の将来というものと取り組まなければならない、こういうことでございますので、新しい長期計画というものを策定中である現在、中小企業、零細企業というものを新しい視野と立場と角度から見つめ直す好機であるということだけは、そのとおりだと思います。」

さらに、田中は積極的な中小企業像を示すとともに、日本経済の新たな段階における「中小企業の事業転換」の必要性にもふれている。

「いまの段階における日本の中小零細企業の事業転換というのは、これは初めて困難な状態にぶつかったと言っていいと思います。（中略）今度のニクソンショックその他によって、新しく転換をし、新しく立地をした工場そのものが全部操業をやめなければならないというような問題さえ起こっておるのでございまして、これからの中小企業の事業転換というものは、ただその角度から見て、自然的に転換を求めるということだけでは効果をあげることはできません。政府が相当明確な方向を示し、政策的誘導を行なうということをあわせて行なわなければ、この企業の転換等はスムーズに合理的に行なうことはできない、新しい問題として取り組まなければならない問題だ。」

他方、田中は「新型産業」としてのベンチャービジネス——中小企業の新たな事業形態——について、「これは情報産業とか教育関連産業というような新しい分野でございますが、こういうものに対して資金の確保、信用保険の対象にできないかということでございます。これは、いまの制度では製造とか物品販売業等が対象になっておりまして、いま述べられたような新しい産業は対象になっておりません。おりませんが、これは時代の動きに沿うように制度を改正しなければならないという面から考えますと、当然これらの新しい産業も信用保険の対象にすべきであろう、こう思って、その方向で検討を進めてまいります。」とも述べている。

田中は「下請中小企業へのしわ寄せ問題」にも言及して「長いこと下請産業というものに対して検討が進められてまいりましたが、結局下請に対しては、支払遅延防止法という法律ができましてからもうすでに二十年の歳月を経るわけでございますが、どうもこのほか具体的な問題としては取り上げられておらなかったわけでございます。しかし、今度下請企業振興協会というものを都道府県が設立をいたします。そして、国はこれに対して二分の一補助を行なうわけであります。そして、事業契約のあっせんとかいろいろな苦情の処理を行なうということで、下請企業の振興に対しては一つの制度が発足をした」ことを紹介し、具体的な下請へのしわ寄せ問題の解決に関しては、「制度上確立をするということよりも、実際的な行政の運用におきまして、行政指導においてこれらの問題は処理をしてまいらなければならないわけであります。これはめんどではありますが、中小企業、下請企業の振興にはそういう解決方法しかないわけでありますので、精力的に取り組んでまいりたい」とした。

中小企業に関するこの種の問題は景気後退の際や、いわゆるニクソンショック後に輸出が落ち込んだ産地で繰り返され提起され、とりわけ、下請中小企業へのしわ寄せ問題は深刻化しつつあった。そのなかで、早急な対応を迫られていた国際的——より正確には、二国間——課題こそが、日米貿易摩擦問題の先駆けでもあった日米繊維摩擦問題であった。

すでにふれたように、沖縄返還を最重要政治課題として掲げていた佐藤内閣にとって、日米繊維摩擦問題は、その解決が焦眉の急となっていた。と同時にニクソン大統領にとっても、自らの再選にとって重要な政治日程となっていた。

繊維貿易をめぐる日米間の外交問題の解決の鍵を握り、その政治的決着を期待されていたのは「特定繊維工業構造改善臨時措置法」の改正であった。繊維産業は戦後の日本経済復興に大きく貢献してきたものの、米国等の輸入制限措置や円の切り上げによって曲がり角にきていた。このため、特に紡績業及び織布業については、「構造改善事業」を早急に実施することが必要とされ、さらに臨時措置法の継続が図られたのである。繊維をめぐる構造改善問題については後で詳細にとり上げる。

この翌年、田中角栄は「決断と実行」の政治を掲げて、自民党の角福戦争——自民党総裁をめぐる田中角栄と福田赳夫の選挙戦——を制し総理大臣となる。当時、「決断と実行」は、「実弾——現金——と実行」とマスコミなどで揶揄されたように、両陣営とも総裁選挙に相当額の現金をつぎ込んだといわれる。総理総裁となった田中は石油ショックや通貨不安の混乱に翻弄されるなか、「日本列島改造論」を強力に推し進めようとした。

だが、田中の政策は物価高騰のなかで見直しを余議なくされ、田中は苦慮しつづけることになる。田中は、昭和四八[一九七三]年の第七一回国会衆議院本会議で持論化した「日本列島改造」構想をつぎのように開陳した。

『日本列島改造論』は、巨大都市への人と文化と経済の流れを地方へ転換をさせて、住みよい豊かな地域社会を全国土にわたって実現をするための私の所見であります。（中略）……（経済成長率が—引用者注）一〇%の場合には、国民総生産三百四兆円、また八・五%の場合は二百四十八兆円、このように書いてあるわけでございまして、想定をした数値である……経済社会基本計画は、工業再配置、全国交通通信ネットワークの形成、地方都市の整備等、改造論に示された考え方を取り入れつつ、活力ある福祉社会を目ざす、今後五年間の基本的な政策体系を提示をしたものであります。これら政策と整合のとれた経済成長率として九%程度と見込んだのでございます。

第二は、縦割り体制を見直し、開発関係の行政機構全体の改革が必要であると思うが、どうかという御所論でございますが、現下の重要問題である過密過疎対策、環境の保全、社会資本の充実等の諸問題に対処するためには、国土総合開発に関し、十分な企画調整権能を持った行政機構が必要であると考え、国土総合開発庁の設立を提案したものであります。

なお、今般の国土総合開発庁の設置は、昭和三十九年の臨時行政調査会の答申及び昨年十二月の行政監理委員会の意見の趣旨に沿ったものでございます。第三点は、国土総合開発公団と産炭地域振興についてでございますが、産炭地域振興施策は、国土総合開発の一環をなすものであり、今後とも、その充実をはかる必要があることは申すまでもないことであります。」

この「列島改造論」は、結果として対象地域の開発関連業者の投機などによって、物価を一層引き上げるなどの問題を招くことになり、田中内閣の政策は国会内外の厳しい批判にさらされることになる。

田中にとって本来の列島改造論は、「総人口の三二％余の人々が国土の一％に集中をしておるという現実から、公害問題、住宅の不足、地価の値上がり、物価問題、すべてが起こっておるのであります。この現実を無視して現実の政策は立案できない……アメリカのカリフォルニア州よりも小さい日本に、一億一千万人近い国民が、世界で二番目の生産をあげておるという事実を前提として考えるときに、国土がすべて前提となって調整され、理想的な姿で改造されなければならぬ……しかも、社会資本を蓄積し、生活環境を整備し、そして、真に望まれる社会福祉を完成するためには、国土の総合開発を除いて、現実的政策のないこと」への憂慮と、そうした課題の解決を目指すものであった。

田中は過熱気味の土地投機に関して、「商社や不動産会社等の保有しておる土地を放出し、住宅の用に供する等のためにはどうするか……法人の土地譲渡益に対する課税の強化、特別土地保有税の新設、国土総合開発法の改正による土地取引の届け出、勧告制、特別規制地域における土地取引の許可制の新設等の施策を講ずる……昨年以来土地融資の抑制をはかっておるところでございます。」と指摘した。しかし、特別規制地域制度の導入によって土地価格の抑制がはかられたものの、実際には十分な効果を上げてはいなかった。

投機と転売を通しての土地価格引き上げによる政治資金の錬金術こそが田中政治のスタイルであったが、皮肉にもそうした政治スタイルが一挙に全国的スケールとなったことが彼の政治生命を縮める結果となるのである。にもかかわらず、田中は総理大臣になってもこうした政治スタイルを維持することで、総理大臣であり続けようとした。

日中国交正常化による田中ブームのなかで、田中は政治生命の起死回生を狙って国会解散・総選挙に打って出ることになる。田中は選挙戦の選挙資金を巨大化させ、自派の候補者を多く選挙戦に送ったものの、結果として自民党は衆議院で二六議席を失う結果となった。この選挙敗北は後のロッキード事件に連なる金権選挙の負の遺産となるのである。

田中は、インフレ鎮静化に期待をかけていた大蔵大臣の愛知揆一（一九〇七～七三）——吉田茂側近、大蔵官僚、衆参両院議員、外務大臣など——の急死で、石油ショック後の物価急騰の解決に有効な政策を実施できず、その解決を政治的ライバルの福田赳夫（一九〇五～九五）——大蔵官僚、農林大臣、大蔵大臣、外務大臣など——に委ねることになる。福田は田中の「列島改造論」の撤回を条件に蔵相を引き受けたといわれている。

福田は公共投資への積極予算の見直しをはかる「総需要抑制」財政の下に、物価の沈静化に取り組んだ。福田は、その後、三木武夫（一九〇七～八八）——戦前からの代議士、片山内閣で逓信大臣、その後、通産大臣、外務大臣など——のあとを受けて、総理総裁となり内閣を組織する。しかしながら、その後も田中角栄は自民党内で最大派閥を形成し、日本の政治に大きな影響を及ぼし続けることになる。

日本政治の土着的思想性

先に田中角栄の一年生議員時代、党幹部時代、そして大臣時代の国会発言を中心に、田中の中小企業観や中小企業政策観を紹介した。内閣総理大臣として田中角栄が中小企業政策について発言したということでは、それは昭和四八［一九七三］年の第七一回国会衆議員本会議においてである。通常どおり、『中小企業白書』の国会提出にともなう通産大臣の説明のあとに、田中は『中小企業白書』の内容を簡潔に要約しつつ、中小企業の当面の課題について「平価調整及び国際収支の改善等」、「物価の上昇というものが、せっかく一年半という短い間に困難な問題に対処し得た中小企業へのしわ寄せ」、「（金融機関による）中小企業に対する歩積み、両建て要求」、「中小企業過密公害防止移転の必要性」などを挙げ、政府の対応を約束した。だが、こうした答弁は官僚が書いた作文の延長における朗読という政治上のいわば慣例通りの発言であって、その文言や発言内容から田中角栄の政治信条としての土着的思想性が必ずしも明らかになるわけではない。

真の田中の政治信条は、田中角栄自身の原体験や彼の社会的出自に大きく起因している。この意味では、選挙運動などで帰郷したおりにかわした親しい人たちとの会話のなかに、田中の等身大の肉声があった。しかし、そうした発言は断片的で、ときに拡大解釈され、あるいは矮小化されていまに伝わっているにすぎない。

田中角栄は、大正七［一九一八］年五月、新潟県刈羽郡仁田村――現在の柏崎市――に、父角次、母フメの二男として生まれた。角次は農作業をもっぱらフメに任せ、牛馬商を営んだ。角次は種牛の輸入の失敗で家産を傾け、角栄は上級学校への進学をあきらめ、二田高等小学校を卒業後、地元でしばらく土木作業に従事してから、大河内正敏の知己を当てに上京した。そして、昼間は建築事務所で働きながら、水道橋近くにあった夜間の中央工学校で建築などを学び――田中自身はしばしば高等小学校卒を売りものにしたが――、後に共栄建築事務所を設立した。角栄がわずか一八歳のころであった。向上心の強い田中青年の姿がそこにあった。角栄の祖父が宮大工――そのほか地元の建築も手掛けていたといわれる――であったことを考えると、建築への生業意識もあったのかもしれない。

その後、中国で兵役に就き、角栄は昭和一八［一九四三］年に田中土建工業を起こし、大河内正敏（一八七八〜一九五二）の理研工業の仕事で財をなす。それは田中自らが東奔西走して引き寄せた強運でもあった。田中と夜間学校や建築事務所時代に知己を得た人たちとは彼が政治家になったのちも付き合いがつづき、彼の政治生命を支えることにもなった。このことは、世話好きで、ある種の人の良さと義理堅さを併せもつ田中角栄の人柄を反映している。

田中が食わんがために行き着いた土建業との出会いが、角栄のその後の政治と手法を決定づけることになる。それは日本の近代化の歩みを支えた経済的・社会的基盤の整備から取り残された「裏日本」出身の田中にとって、まさに立身への原点であり、政治家としての原体験でもあったろう。

田中自身も国会答弁などで使ったこの「裏日本」ということばは、明治期後半ころに、発展しつつあった太平洋側の「表日本」とは対照的に「遅れた」地域として定着しはじめる。ただし、農商務官僚であった前田正名（一八五〇〜一九二一）が明治一四［一八八一］年に当時のわが国の地域経済の実態と産業発展方向を示した『興業意見』[(*)]では、田中の出身地であった新潟等は豪雪地域であるけれども決して経済的や文化的にも遅れた地域でないことを示している。つまり、新潟などは、明治政府の政策から抜け落ちたことで発展が政策的に故意に「遅らされた」地域となったのである。換言すれば、東北という地域は政策という恩恵から切り離された地域であった。

＊興業意見についてはつぎの拙著を参照。寺岡寛『中小企業の政策学―豊かな中小企業像を求めて―』信山社、二〇〇五年。

歴史学者の阿倍恒久も『「裏日本」はいかにつくられたか』で、新潟県などの社会資本――インフラ――

整備のあり方を検討したうえで、「築港問題にしろ、道路問題にしろ、鉄道問題にしろ、当時の技術水準や、それを補うべき外国人技師雇用の財政的困難性などの限界を考慮しても、太平洋側に厚く日本海側にきわめて薄い国家資本・財政の投資であったことは明瞭である。……地域格差がはっきりと形成していく。それがだれの目にも明らかになる日清戦争後に『裏日本』の観念が成立するのである」と指摘する。

近代工業成立の過程においてインフラ整備で遅れをとることは、農業中心、とりわけ、米作中心の経済構造からの脱却が困難であったことを同時に意味していた。ただし、戦前の所得上位番付などをみると、新潟県の大地主が上位に来ていたことは当時の農業中心の社会構造の反映であり、日本を代表するような大地主が存在する反面、零細農民や小作農が多いのも新潟県などの特徴であった。そして、明治期の松方デフレはこうした状況を一層助長したのである。阿倍はこの点についてつぎのように指摘する。

「(新潟県における―引用者注) 地主王国および保守主義の成立は、直接的には自作農＝農村社会の中堅層の没落に起因するが、彼らの没落は……政府の産業育成政策および一部増税すら含む過酷な税収奪と極度のデフレーションを内容とした松方財政に因る。その意味で、新潟県の『裏日本』化の一表象として地主王国および保守主義が成立したとみることができる。」

人材育成についても、新潟県は義務教育課程への就学率の低さもさることながら、高等教育機関の設置が遅れることで、人材流出県でもあった。田中角栄という若者もまた、新潟県のこうした歴史的運命を背負って東京へと「流出」していったのである。

田中の内的精神の奥深いところには故郷の貧しい農村と農民の姿が原風景として位置していただろう。田中はそこから、自らが土建業分野へと進むことで、政治家に必要な政治資金を得ることになる。やがて、田中は自らのそのような軌跡を、新潟県全体の産業構造の転換という大スケールで行うことになる。新潟県でも一定規模以上の農地をもつ米作りの専業農家を除いて、農業ではなく道路建設など公共土木事業に従事する人たちの比重は確実に増加し、土木従事者数が農林業従事者数をはるかに上まわっていった。これを「田中化」と象徴的に言えなくもない。

田中が政治家を目指した動機については、政治記者やノンフィクション作家がいろいろとその胸の内を忖度している。だが、田中自身はまとまったかたちで多くを語ってはいない。田中の秘書を務め、身近に接してきた新聞記者出身の早坂茂三も『怨念の系譜―河井継之助、山本五十六、そして田中角栄』で「田中角栄がなぜ政治家になったのか。彼はほとんど何も語ってはいない」とした上で、その経緯についてはつぎのように紹介している。再度、引用しておこう。

「熊本県出身で民政党代議士であった大麻唯男が田中土建の顧問をしていた。戦後、この老政客が町田忠治を担いで日本進歩党の結成に奔走し、彼に頼まれて角栄社長が結党資金に〝いくばくかのカネ〟を出した。これが縁で昭和二一〔一九四六〕年四月、戦後第一回の衆議院総選挙に立候補したが、次点で落選する。大麻に『カネの十五万円も出して、神輿に乗ってれば当選する』と勧められ、これを真に受けて臍を噛んだのである。怜悧な田中は他人任せの選挙に懲りて、柏崎に田中事務所を開き、百人の社員を投入して敗者復活戦の本格的な活動を始めた。」

田中のそうした生身の姿は、敗戦後の日本の各地に見られたある種の牧歌的な選挙風景をほうふつとさせる。早川は田中が大した準備もなく臨んだ最初の手痛い失敗に懲りて、第二回目の選挙は他人任せにはしないで挑戦したことが、やがてのちに「越山会」選挙といわれる強力な集票マシーン方式に結実していくことになっていったと指摘する。きわめて興味を引くのは、早川も指摘しているように、田中のその後の支持基盤からは容易に想像できないが、越山会の初期の会員に農民運動の経験者や社会党支持者が多かったことである。彼らは都市労働者重視で、新潟県などの農民への政策的配慮を欠いた社会党の政策へ失望感をもち始め、田中を支持するようになった。この意味では、田中角栄は戦前の名望家出身の保守的政治家とは大いに異なっていた。彼は農民の匂いを強く残す土着思想をもった「革新的」政治家であり、同時に「保守的」政治家であったのである。この政治思想上の矛盾は田中角栄という生身の人間のなかで微妙に均衡し、そして成立していたといってよい。

田中は戦前の小作争議に関わった農民運動家や社会党支持派などからも幅広く支持され、選ばれ、国会に送られた。「若き血の叫び」――田中の最初の選挙の際のポスターでのスローガン――の革新派政治家の田中角栄は、はじめ国会で当時第三党であった民主党――前身は進歩党――に属した。

このとき、片山哲（一八八七～一九七八）――和歌山県出身、弁護士、戦前からの代議士、日本社会党書記長など――は第二党の吉田茂率いる自由党の連立への不参加を受け、民主党と国民協同党との連立内閣を成立させる。

民主党員となった田中であったが、片山等の炭鉱国有化に反発し、やがて民主党を離党し、幣原喜重郎（一八七二～一九五一）――外務官僚、貴族院議員、戦後、外務大臣、衆議院議長など――たちと会派を結成し、自由党と合同をすすめ民主自由党を結党している。田中のこの働きが吉田茂（一八七八～一九六七）の目にとまり、使える「駒」として認められる。そして、田中は一年生議員であるにもかかわらず同党の選挙責任者に大抜擢されたのである。田中は選挙戦を通じて勝利へのノウハウを着実に身につけることになる。

この後、民主党の芦田均（一八八七～一九五九）――外務官僚、戦前からの代議士――が片山のあとを受け内閣を組織するが、昭和電工疑獄事件(*)で退陣する。その後の吉田内閣のときに、田中は若くして法務政務次官となっている。

＊昭和電工疑獄事件――昭和二三［一九四八］年におこった疑獄事件である。戦後の食糧難を解消するため、政府は農業生産拡大に必要な肥料生産の増産を打ち出したが、復興金融公庫と肥料会社の昭和電工との間で、当時の金額で二〇億円の財政資金をめぐる贈収賄容疑があったとされた。同年六月に昭和電工社長、興業銀行副総裁、九月には経済安定本部長、大蔵省主計局長、政治家の大野伴睦、西尾末広が逮捕され、芦田内閣は一〇月に総辞職した。一二月には芦田自身も逮捕された。全体で四四人が逮捕されたものの、昭和電工と興業銀行副総裁の二名だけが有罪判決を受けた。

以後、「革新派」の田中角栄は、保守合同で自由民主党が結党されるなか、周辺に官僚出身の政治家を集めた「吉田学校」――保守本流――で、官僚政治のやり方を実地に学びつつ、官僚を自在に使いこなすやり方で頭角を現していく。

土建業出身の田中は、それまでの官僚出身者とはまた異なる政策通の政治家として党と政府の要職に就き、政策通の「保守派」政治家となっていく。政治の表舞台である国会と、政治の裏舞台であった自民党こそが、「高等小学校卒」の田中角栄にとっての上級学校であったのである。

第二章　圭介と角栄の間

戦前日本政治の原風景

政治学者の上山和雄は『日記にみる日本型政治家の源流―陣笠代議士の研究―』で、戦前の日本型政治家の分類を行っている。上山は「日本型」政治家の析出には、三つの基準が必要であることを指摘する。一つめは政治家になるためのルートである「地盤・根拠」、二つめは「政治家の客観的活動＝献身の対象」、三つめは自らの政治信条を「実現するための政治活動＝政治的軌跡」である。

最初の基準からすると、日本の政治家には「全国型（＝移入型）」と「地方型」の二つの型があり、上山の整理では、その特徴はつぎのようになる。

「全国型」政治家――「官僚・実業家・記者・弁護士等から転身し、その名声・威信・金力によって支持を調達」して政治家となれたケース。

「地方型」政治家――「地元の名望家集団のなかで信頼を得、そのリーダーグループに入り、政治的野心を持つことがまず必要である。具体的には自らが名望家として村内外の諸問題に調停能力を発揮し、町村長・町村議員等の名誉職に就いて豊かな行政能力を示すと共に、地方利益の実現や各種選挙に際して献身的な行動をとることが求められる。……国政に出るには、地元に幾重にも張りめぐらされたリーダーグループの中での傑出性と狭量な野心が不活であったことで」政治家となれたケース。

上山は二つの類型の変遷について、「明治期にこのようにして地方型政治家が出現したが、大正後期になると様相は変化してくる。名望家集団の弛緩・解体により、政治家と有権者個人の結び付きが次第に強まり、地盤は個人あるいは家に帰属し始める。選挙制度の変化もあって個人後援会的な組織が作られ始め、地盤の売却や世襲も行われるようになった」と指摘する。

こうした地方型政治家が地方政治の世界を飛び出して国政に出ると、名望家ゆえの資産を費消してやがて「井戸塀」政治家となるといわれた。井戸塀とは選挙運動ごとに家の資産を使い果たし、大きな屋敷も人手に渡り、残るのは井戸と塀であるというわけである。しかしながら、政治家になるまでに使われた資産や資金を政治家になってからの蓄財でカバーし、それ以上の選挙資金を獲得することを政治とみるようなブローカー的政治屋も日本政治史には登場する。つまり、政治家がブローカーになるのではなく、ブローカーのような人物が政治家となるのである。

上山もこの点にふれ、「地方政治家は殆どの場合、地主であると共に土建業その他の事業にかかわっている。井戸塀になったとされる例のかなりの部分は、地主や事業経営の破綻、あるいは株式・商品相場の投機の失敗などによるものであったと思われる」と指摘する。しばしば無謀としか思えないような投機の背景には、選挙資金の巨額化という現実があった。政治家のなかには、投機や自らの事業の拡大以外に、事業に関わるブローカー的活動などによって安易な資金獲得を当てにするような人物もいる。戦後政治家の田中角栄も国会議員当選後、長岡鉄道（後の越後交通）などの社長をやっていた。

田中角栄は自らの選挙だけではなく、派閥を率いるための選挙資金を自前で得るために、監督官庁の許認可権限に着目し公共工事の配分によって資金を手当したが、この手法はまさに、上山のいう戦前の日本型政治家の一断面であった。

二つめの「政治家の客観的活動＝献身の対象」による分類については、「天下国家を論じ、理念を追求する政治家も、地方的・階層的利益を代弁せねばならない」のであり、先にみた全国型と地方型は完全に分離していたわけではなく、相互に絡み合っていたのが実情であったといってよい。天下国家を政治スローガンとしつつも、現実には「地元に学校を誘致し、道路や橋を作って発展を図ろうとする地方的利益」を引き寄せることは、選挙の洗礼を受けなければならない政治家にとって無視できない政治の実情であった。これはいまも国政選挙の現実の姿であっても、地域経済をもっぱらの存立基盤とする中小企業などの地域的利害に言及することなしに、選挙戦は勝ち抜けないという現職議員や候補者たちの本音である。

三つめについては、自らの「政治信条」を実現するための「政治活動」が自らの「政治的軌跡」であるとすれば、田中角栄が「政治は数の力である」とかつて語ったように、戦前の政党政治においても「陣笠代議士」が自らの政治信条を実現させるには、政党内派閥の領袖、政党幹部、さらには内閣の大臣職に就くことが近道であった。そのためにはまずは当選回数を増やすことが先決であり、それこそが大物政治家の証ともなっていた。

一見、戦後政治を代表するようにみえる田中角栄の場合、官僚出身政治家ではないがゆえに、自らのキャリアを若いころから重ねてきたことで確実に形成されうる官僚ネットワークなどはほとんど当てにできなかった。政治家となる過程において田中は、戦前政治家にみられた二つの型、すなわち、「全国型」政治家と「地方型」政治家を見事なまでに使い分けていたのではあるまいか。

政治記者の石川真澄は『人物戦後政治―私の出会った政治家たち―』で、田中角栄が吉田学校(＊)などで接した教師的――反面教師的も含め――人物のうち、佐藤栄作（一九〇一～七五）などを挙げて、田中の政治スタイルをつぎのようにとらえてみせる。

「佐藤氏との一七年の年齢差はやはり歴然たるものがあった。田中氏は日本国憲法をほとんど疑っていなかったと考えられる。彼は保守党のまぎれもない権力者であり、『日本列島改造論』に代表される開発志向や『通年国会』『小選挙区制』などの自民党にとっての利益を図ろうとする傾向は露骨であった。しかし、国家とか民族とかをとかく持ち出したがる保守政治家によくある傾向は弱い人であった。その意味では佐藤氏の嫡流でなかったことは確かである。田中政治の問題性はやはり『金』にまつわることにあった。それは特殊に田中政治の問題であったからではなく、日本の政治権力にいつでもべっとり染みついている油汚れのようなものを顕わに示した点が重要なのであった。（中略）日本で権力を手に入れ、維持するために汚い金が必要なのは田中政治に始まったことではない、戦前以来連綿として続いている。」

＊吉田学校――首相を務めた吉田茂（一八七八～一九六七）は、戦前からの政治家が敗戦後、公職追放を受けたために、自党の人材供給源を官僚たちに求め、政治家として育て用いた。運輸省から佐藤栄作、大蔵省から池田勇人（一八九九～一九六五）や前尾繁三郎（一九〇五～八一）たちが、政党幹部や首相、閣僚となっていった。官僚から政治家となるケースのほかに、官僚出身者でない田中角栄も吉田学校を「入学・卒業」したが、このケースはむしろ例外であったといってよい。

田中はロッキード事件の後に野に下り、自らを「自民党周辺者」と称した。日本の政治について語るときには、ロッキード事件の背後に米国の影を感じ取っていたこともあり、時に激して日本国家という言質からナショナリスト的な発言を残しているが、根本においては石川のいうように「国家とか民族とかをとかく持ち出したがる保守政治家」ではなかったように思える。

「革新派」として政治舞台に登場した田中角栄は、官僚出身政治家であった佐藤栄作の内閣で保守派の「政治姿勢」を観察しつつ、それを身につけ、要職を占めることになる。それ以前に、佐藤栄作に先行する吉田茂、岸信介そして池田勇人からも、戦後の「保守本流」を形成した官僚出身政治家の政治スタイルを学びつつ、自らの政治スタイルの在り処――セルフ・アイデンティティー――を探し求めていたことだろう。

政治家としての年齢からいえば、田中角栄と佐藤栄作とは一七歳、吉田茂とは四〇歳、岸信介とは二二歳、池田勇人とは一八歳の年齢差があった。したがって、田中と彼らとでは天皇観、国民観――ナショナリズムも含め――などが異なっていて当然であった。吉田、岸、池田そして佐藤と続く「保守本流」の意識は、彼らが戦後において政治活動の場を得たとはいえ、それは戦前型政治家としての意識の延長に築かれたものであった。

この点、田中角栄は、つまり、国民意識において戦後政治家であった。他方、後述するように政治スタイルにおいては、戦前型政治家であったともいえる。

戦前型政治家ということでは、岸信介に代表されるように天皇制国家の官僚としての意識――臣民ナショナリズムといってよい――が戦後にも継承され、彼らには、日本の政治を民主主義的に戦前型国家へと回帰させようという潜在意識がその奥深いところにあったのではあるまいか。それが岸たちの政治信条の堅固さでもあったのである。ここでいう「民主主義的」政治とは、戦前の政党に左右されないいわゆる「超然内閣」による「官僚型」政治ではなく、国勢選挙による数――国会議員――の力によって与党が組織する「民主型」政治を指す。

戦前から戦中にかけて、きわめて若くして商工官僚の立場で統制経済や満州経営に携わった経験をもつ誇り高き岸信介にとって、政治とは吉田茂の米国依存の「経済復興」から脱することであり、米国からも独立した「政治復興」のことであった。そのためには保守合同という手段による数の制覇こそが、みずから信じる政治信条の実現の第一歩であったといってよい。米国との安全保障条約改正やその先にあった憲法改正などへの熱心な取組みはそのためであったが、結果として、戦争の傷跡が強く残る当時の国民の政治意識――猛烈な反発――によって、岸は政治の表舞台から立ち去らざるを得なくなるのである。

誇り高き戦前型政治家の岸は、政権復帰への強い意欲と執念をみせたが、結局のところ、「経済通」の池田勇人が後継者となる。政治学者の原彬久は『岸信介―権勢の政治家―』で、岸信介が、岸派を継いだ官僚出身の福田赳夫との関係を通じて、その後の政局にもある程度の影響力を持ち続けたことを指摘した上で、戦前型政治家の岸信介と戦後型政治家の田中角栄との違いについてつぎのように分析してみせる。

「岸が資金集めとその使い方のスケールにおいて田中に優るとも劣らなかった……両者間の決定的な違いは、田中におけるカネの出入りが優れて可視的であるのにたいして、岸におけるそれが構造の網の目のなかに隠れて杳としてみえない。……田中の中小権力を利用して、そのなかでつくられるがゆえに無防備でさえある（中略）岸の場合、一高、東大時代の交友関係、そして商工官僚として、満州経営の実力者、そして戦時体制下の商工相として、さらに戦後首相にまで昇りつめていくプロセスで隆々と築き上げたその人脈はそれ自体巨大権力であり、したがって精緻に構造化されている。」

原のいう「戦後型政治家田中角栄の基盤＝中小権力、戦前型政治家（その他官僚型政治家）の基盤＝既存の大権力」というイメージは、そのまま「田中角栄＝中小企業、その他官僚型政治家＝大企業」という図式に横滑りする。こうした構図からは、中小企業経営者たちに田中角栄への信奉者が多かったことがよく理解できる。田中自身もこのような構図を無意識的にも意識的にも政治的なカンで理解していたのではないだろうか。

つまり、岸の政治力――政治権力――は時間をかけて熟成されたモルト原酒のようなものであったかもしれないが、田中のは時間をかけられないため刺々しい新酒であったことになる。揶揄すれば、岸信介は戦前来から存立してきた財閥系・大企業型で、田中角栄はまさに戦後生まれの成長著しい中小企業型であったのである。岸の政治資金が官僚・大企業ネットワークのなかでいわば「マネー・ロンダリング」されたものであったのに比して、田中のそれはあまりにも直接的であったというわけである。

先の上山和雄によれば、日本政治の転換期は大正後期であったが、この時期は原敬（一八五六～一九二一）に代表される政党内閣の登場のころである。原内閣が成立した大正七〔一九一八〕年九月の帝国議会をみると、前年に実施された第一三回選挙で選出された党派別議席数はつぎのようになっていた。参考までにこの前後の選挙結果と共に掲げておく。

政党名	第一二回選挙	第一三回選挙	第一四回選挙
第一党　立憲政友会	一〇八議席	一六五議席	二七八議席
第二党　憲政会（*）	一八六議席	一二一議席	一一〇議席
第三党　国民党	二七議席	三五議席	二九議席
無所属	四八議席	六〇議席	四七議席

＊第一回選挙では立憲同志会、中正会、公友倶楽部が合同して憲政会を結成。第一二回選挙については、このうち立憲同志会と中正会の合計数のみを掲げている。

第一二回選挙と比べて、第一三回選挙では立憲政友会は議席数を伸ばしたものの、単独で過半数を確保できなかった。このため、原は議会を解散させ選挙に打って出て、普通選挙制度の導入を控えた第一四回選挙で過半数を確保した。この時期、ほとんどの閣僚が官僚出身などの貴族議員で占められた超然内閣を組織していた寺内正毅（一八五二〜一九一九）——陸軍大臣、初代朝鮮総督など—に対抗するため、原敬は政友会の議員を増やす力の政治に腐心することになる。政友会は治水事業と鉄道建設促進の建議案を国会へ積極的に提出して、みずからの党勢を国民に示そうとした。それまでは名望家政党のイメージが強かった政友会は党勢が弱い地域への公共工事の導入に腐心しつつ、勝てそうな候補者を積極的に擁立して憲政会に対抗していくことになる。この背景には、原内閣下の選挙制度改正にともなう議員数の増加と小選挙区制の導入によって、無風選挙を防ぐための候補者を多数擁立する必要性がそれぞれの政党に生じた状況もあった。

当時の二大政党であった政友会と憲政党からの立候補者数をみると、憲政会の二四〇名に対して、政友会はそれを上回る四一八名となっていた。政友会が大量の立候補者を確保できたのは、それまで政治に無関係であった官僚や経済人を積極的に擁立したからである。戦後の自民党などの選挙方法の端緒をここらあたりに見出すこともできよう。

そうした候補者は、冒頭の政治家の二類型、すなわち、「全国型」と「地方型」の区分では、地方に根差し地元への利益還元ということではきわめて地盤が脆弱な「全国型」政治家の候補生たちでもあった。実際には、皮肉——逆説——なことではあるが、「全国型」政治家といえども選挙戦においては「地方型」とならざるを得ず、「地方型」で勝ち続けることができなければ「全国型」にもなれなかったのである。上山のいう「全国型」と「地方型」とは同じ政治家のなかで同居せざるをえない政治家類型の二律背反のようなものであった――戦後政治家の田中角栄はその象徴的な存在ではなかったろうか――。必然、「全国型」たるべく、いわゆる「落下傘候補」となった高級官僚や財閥系財界人などは、地元選挙民との個人的つながりが弱いため、その地位のもつ威信と社会的地位が利用され、大いに強調されることで、「地方型」選挙運動における知名度を高めるような選挙戦術がとられたのである。

この種の選挙スタイルにおいては、候補者数という量的側面とその知名度を高めるという質的側面の双方の充実をはかるために、当然ながらそれなりの規模の選挙資金が必要となる。事実、資金面からみて、とりわけ政友会の選挙資金負担はそれまでの選挙と比べて格段に大きなものとなった。無名で「全国型」にはなりえない候補者が選挙で選ばれるためには、候補者がともかくは「地方型」となり得る可能性――まずは地域での知名度の向上――を高める必要があったのである。

その結果、このような戦略的論理の先に、選挙後の地元への利益誘導につながる政治がそれまで以上に現出することになる。以後、治水や鉄道建設といった公共工事誘致による地元への利益還元――選ばれた暁の「公約」として――が選挙活動に強く結びつき、普通選挙への移行にともなう「選挙と金」の構図は、さらに日本政治において深まっていくことになる。

こうして、「選挙と金」の癒着構造は、普通選挙制度の導入によってさらに加速化されることになった。それは単純には、選挙運動に費用がかなりかさんだためであり、政党は候補者に対して、公認料以外にも選挙運動費用という名目の助成を行うことがこれまで以上にますます必要となったことを意味した。また、ての後、中選挙区制度が導入されて、同一政党でも複数候補者を立てることになったことも、候補者個人間の選挙運動の激化を生み出し選挙費用の規模をさらに引き上げる結果となっていった。

先に原内閣の下で行われた第一四回選挙についてふれたが、当時、政友会の選挙の責任者は幹事長の望月圭介であった。広島県選出の衆議院議員であった望月は、原の積極的な立候補者選出姿勢にもかかわらず、彼自身の地元の候補擁立には消極的であったことで、原から厳しく叱責されたという逸話も残っている。この背景には、複数候補擁立によって票そのものが分散する結果、共倒れの危険があることがあった。憲政会が立候補者を実質的に絞らざるを得なかったのは、そのためであった。

さて、望月圭介である。望月圭介――幼名は三郎――は日本の政党政治家の一人であった。日本の近代化を象徴する明治維新を決定づけた大政奉還のわずか七ヵ月ほどまえに、瀬戸内海沿岸、現在の竹原市の沖にある大崎上島の、石炭を中心に扱う廻船問屋――造船業も営む――の家に生まれている。(*)望月はやがて東京へ出て、攻玉社や共立学校で学ぶが、明治一七〔一八八四〕年に故郷に戻り、家業に従事した。

＊望月家の家業については、つぎの拙著を参照。寺岡寛『瀬戸内造船業の攻防史』信山社（二〇一二年）。

望月は明治三一〔一八九八〕年の衆議院選挙に初当選して以降、昭和一六〔一九四一〕年、現職のまま亡くなるまで一三回にわたり当選を果たした。自由党、立憲政友会に属し、原敬政党内閣のときに党幹事長の要職に就き、政友会での党内活動、とりわけ選挙運動において大きな役割を果たした。望月がはじめて大臣職に就くのは、昭和二〔一九二七〕年の田中義一内閣のときであり、最初は逓信大臣を務め、翌年には内務大臣となったが、その政治力を知らしめたのは内務大臣として治安維持法の強化を図ったことであった。

望月の政治家としてのアイデンティティの確立は、政友会にあっては政党政治家として官僚出身政治家への反発を通してであり、のちに政友会から除名の憂き目にもあったのもそのためであった。もっとも、望月は同じく除名された官僚出身政治家であった床次竹次郎（一八六六〜一九三五）や山崎達之輔（一八八〇〜一九四八）たちと、床次を中心とした政党——昭和会——の結成に動くが、床次の急逝もあり、解散を余儀なくされ、後に復党している。その後、昭和一〇［一九三五］年、岡田啓介内閣のときに再び逓信大臣に就き、亡くなる前の年には内閣参議であった。

望月は「人情大臣」や「念仏大臣」として知られ、地元への貢献では、呉線の建設に大きな役割を果たしたといわれている。望月を良く知る人たちによって刊行された『望月圭介伝』(＊)は、呉線建設についてのエピソードをいまに伝えている。当時、広島県南部の鉄道の整備は遅れ、線路は敷設されておらず、竹原、三原などの地元関係者が鉄道敷設運動に熱心であった。一方で、呉などの関係者は当初、鉄道敷設運動には必ずしも積極的ではなかったといわれる。地元有力者が地元の意見を統一し、望月圭介に助力を求めて、ようやく呉線が開通し、広島にも鉄道管理局が置かれることになった。このほかにも、米穀倉庫の広島設置、太田川などの改修工事、貯金局の設置、広島高等学校の設置、商船学校の国立移管、電灯・電話の架設、道路工事の改修などにも役割を果たした。必ずしも「地方型」政治家ではなかった望月といえども地元の強い要望に対応せざるをえなかったのである。

＊望月圭介伝記準備委員会が組織されて、昭和一七［一九四二］年十一月に脱稿されたものの、その後、新資料などの入手によって改訂され、昭和二〇［一九四五］年一月に刊行された。メンバーは中島知久平、大橋信吉、胎中楠右衛門、名川侃市、佐々木良一、中田謙二、岸田正記、宮澤裕、青木精一、春名成章、大石主計、三枝博音であった。編集委員には鳥井博郎、宅間道哉が選ばれた。取りまとめにあたっては、望月をよく知る人たちを集めた座談会が十数回開催される一方で、関係資料の収集も行われている。

こうした地元の陳情処理などは、昔もそして現在も地元選出議員が取り組まなければならない重要優先課題である。もっとも、これもまた程度の問題であり、他の議員以上に望月が突出していたわけではなかった。末弟乙也の夫人が語る望月の金銭に関わるつぎのようなエピソード（昭和一六［一九四一］年六月二七日談）などは、「全国型」政治のゆえに多忙で滅多に故郷に帰ることが無かった望月のご愛敬のようなはなしではある。

「圭介兄が帰ってまいりますと、上下大崎（大崎上島と下島）八十歳以上の年寄の方の全部に、お土産として金一封を贈るため、一々その包み紙の上に、自ら筆を執って姓名を書いていました。それには敬老の意味もありましたが又『こうして年寄を敬っておくと、あなた方にもよいこともあろうから。』という優しい細い心遣いもその理由の一つでした。『祖父や父がこうして人にようしてやっていたのが、儂がこうなった所以だ。』と申しておりました。何時でしたか忘れましたが、『積善の家に余慶あり』という額を書いて兄に贈られた方もありました。」

『望月圭介伝』は、政治家としての望月が金銭的に恬淡であるというよりも、「清貧に安居する廉潔ぶりは、啻に未だその陣笠時代よりして、政界の一奇談とされていた」と伝えている。

同書には、望月と個人的にも親しかった衆議院議員の野間五造――岡山県選出――の望月に関するつぎのような逸話が紹介されている。

野間が議員内の部屋に入ると、ストーブを取り巻いて憲政本党の大物議員数名が「代議士の清濁問題」を「遠慮なく批評している」場面に出くわし、耳を傾けていたら望月圭介について、「広島県の代議士には相当おかしな議員が有るかと思えば、又地方には望月圭介とか花井卓蔵(*)とかいう清廉の君子もいる。花井は弁護士として相当の収入もあろうが、赤貧洗うが如き望月などは気の毒な次第であって、其の上総選挙などは、成金代議士と同様な出費を要するという事で、頗る苦しい境遇であると謂はねばならぬ」と話されたという。野間はこの仄聞についてつぎのように記している（昭和一七［一九四二］年九月一一日談）。

「全く其の通りで、望月君の風格は自党のみあらず、敵方の戦士も陰ながら口を極めて嘆美していたのであった。……他の政治家は総選挙の場合などには、有りとあらゆる手段を以て、其の運動費などを調達するのであるが、望月君ばかりは、絶対に無理をしない。固より選挙の場合には、他の人よりも一層ひどい苦痛は嘗めさせられるのであるが、又有り難い事には其の望月君には沢山の壇家があって、望月君が懇願する前に檀家の方から、必要品は取揃えて送ってくれるのである。其の檀家は東京だけでは無い。私の知っている内にも大阪有り、名古屋有り、広島有り、岡山有り、布哇までも有ったのである。或る選挙の節に、其素封家の私に向い、今度の解散は不意に起こった事で、望月君も閉口して居るである。是は細少ではあるが、望月君の総選挙の内へ寄付してくれ給え。と云うて若干記載の小切手を私に渡された事があったのを思い出す。此の素封家の外、望月贔屓の方々は沢山あって、私の記憶にも残っている……」

＊花井卓蔵（一八六八〜一九三一）――広島県三原に生まれる。代用教員時代に自由民権運動に参加し、免職された。上京し苦学を重ね、英吉利法律学校（現中央大学）を卒業、大逆事件で幸徳秋水などの弁護を担当した。刑事事件を多く担当する人権派弁護士として知られた。その後、衆議院議員に七回当選している。

野間は、望月の「政治家として何よりも恐るべき誘惑たる金権に対し、峻厳にこれを拒絶していた」姿として、「終身商事事項に関与しなかったと言うことである。一番明朗な証拠は、同君が一度も商事会社の重役に成ったり役員に成った事の無いのを見ても判る。日清日露世界戦争を通じて、会社成金が簇生した際でも、望月君は夫等に対して何等の関係をも保って居なかった。政治家が会社の重役に成るのを悪いと云うのは無いが、国家の利害と個人の得喪が絡んだ場合、夫れを取捨するのは凡人では中々六ヶ敷い事である。望月君が常に云うていた通り、政治家の会社重役兼任は、業務上に抵觸と困難に遭遇するであろうを予め覚悟せねばならぬ。彼が終身商界に何等の交渉を保った事の無かったのを見ても、彼の清廉な風格が窺えるではないか」（同前）と記している。これらのエピソードは、戦前の「全国型」政治家になりえた「名望家」型の政治家の姿を伝えていて、田中角栄と好対照を示している。参考までに望月圭介の政治家としての歩みを記しておこう。

明治三一［一八九八］年　三月の第五回総選挙に自由党より立候補するが落選、同年八月の第六回臨時総選挙で当選、自由党に属した（三二歳）

〃　三五［一九〇二］年　三月の第七回総選挙に落選（三六歳）

〃　三六［一九〇三］年　議会解散による第八回総選挙で当選、無名倶楽部（同志研究会）を組織（三七歳）

〃　三七［一九〇四］年　第九回総選挙に落選（三八歳）

〃　四一［一九〇八］年　第一〇回選挙に当選（四二歳）

〃　四二［一九〇九］年　政友会政務調査会役員・理事となる（四三歳）

〃　四三［一九一〇］年　鉄道港湾に関する調査員となる（四四歳）

大正　元［一九一二］年　第一一回総選挙に当選、院内幹事に指名（四六歳）

〃　三［一九一四］年　政友会幹事、政治調査員役員理事となる（四八歳）

〃　四［一九一五］年　政友会選挙委員に指名、第一二回臨時総選挙に当選、院内幹事に指名（四九歳）

〃　五〔一九一六〕年　政友会幹事、党務委員会理事に指名（五〇歳）
〃　六〔一九一七〕年　院内幹事に指名、第一三回総選挙に当選、政友会筆頭幹事、政務調査会役員理事、党務委員会理事に指名（五一歳）
〃　七〔一九一八〕年　政友会筆頭幹事、衆議院代表シベリア出征将兵慰問団団長、政友会幹事長となる（五二歳）
〃　八〔一九一九〕年　政友会幹事長（二回目）（五三歳）
〃　九〔一九二〇〕年　第一四回臨時総選挙に当選、政友会総務委員、農商務省参事官、臨時財政調査委員となる（五四歳）
〃　一一〔一九二二〕年　政友会幹事長（三回目）に指名（五六歳）
〃　一二〔一九二三〕年　政友会幹事長（四回目）に指名（五七歳）
〃　一三〔一九二四〕年　政友会選挙副委員長に指名、第一五回臨時総選挙に当選（五八歳）
〃　一四〔一九二五〕年　政友会筆頭総務に指名（五九歳）
昭和　二〔一九二七〕年　田中内閣の逓信大臣に就任（六一歳）
〃　三〔一九二八〕年　内務大臣に就任、政友会選挙相談役に指名、第一六回臨時総選挙に当選、緊急勅令として治安維持法改正法律案を公布、翌年の田中内閣総辞職で内務大臣を辞す（六二歳）
〃　五〔一九三〇〕年　第一七回総選挙に当選（六四歳）
〃　七〔一九三二〕年　第一八回臨時総選挙に当選（六六歳）

〃　九〔一九三四〕年　政友会内紛表面化の責任をとり議員辞職を表明するが、慰留により撤回、岡田内閣の入閣要請を拒絶（六八歳）

〃　一〇〔一九三五〕年　衆議院で憲政功労者として表彰される。内閣審議会に入る、政友会より除名、逓信大臣に任命、他の議員と昭和倶楽部を組織（六九歳）

〃　一一〔一九三六〕年　第一九回総選挙に当選、岡田内閣総辞職より逓信大臣を辞職（七〇歳）

〃　一二〔一九三七〕年　第二〇回総選挙に当選、昭和会を解散（七一歳）

〃　一四〔一九三九〕年　政友会に復帰（七三歳）

〃　一五〔一九四〇〕年　内閣参議に任命（七四歳）

〃　一六〔一九四五〕年　死去（七九歳）

望月圭介もまた田中角栄と同様に、学歴がないまま――当時としては東京遊学自体が恵まれていたのであるが――、若いころに実業につき、最初の選挙に落選し――田中も最初の選挙に落選したものの、その後は連続当選、望月はしばらく当選と落選を繰り返す――、その後、官僚政治家とは異なる政党人政治家として歩んだ。望月の軌跡は、田中角栄の歩みと重なるところも多かった。望月の愛読書は『太閤記』であったという。他方、田中の愛読書が『太閤記』であったかどうかはわからないが、マスコミは田中を「今太閤」とよく報じた。

望月と田中の世代間の年齢差は二〇年である。わずか二〇年ともいえるし、父と子のような年代差ともいえる。わずか二〇年間、されど二〇年間で、政治家としての矜持は大きく異なり、田中には政治家としての矜持的倫理観は見事なまでに全くもって見当たらない。

これは単に田中角栄個人の精神性のみならず、彼を生み出した戦後日本社会の精神の在り処と政治のあり方を象徴していたといえまいか。それは望月圭介の時代の精神とは明らかに異なる。すべてを世代論に還元することには無理があるが、慶応三［一八六五］年生まれの望月は江戸期の雰囲気――内的精神性――のなかで育っており、彼の精神形成期であった明治初期のころには、江戸期の倫理観がまだ濃厚であった。江戸期以来の素封家が持った公共的精神が、望月のなかにも色濃く反映していたのではなかろうか。『望月圭介伝』は、彼のモラルや倫理観は、江戸期の精神的遺産の上に父母の教育を通じて定着していったことをくりかえし伝えている。

他方、大正七［一九一八］年に生まれた田中角栄は、大正期の経済発展で中間階層の比重が高くなり、彼らの声を代弁する普通選挙制度などへの関心が高まった雰囲気の下で育っている。また、日本の夜郎自大的なナショナリズムの強い影響を受け、戦後は経済発展一本ヤリのなかで政治家人生をスタートさせていったといえる。「民主主義」下の自民党長期政権がもたらした派閥抗争と数による「民主政治」という戦後の日本的政治において、田中角栄はカネと数の論理の下に疾走することになった。

しかしながら、「民主主義」下の日本の政治は、自民党内の「村落政治」のようであった。派閥はあたかも大手ゼネコンの「談合」のようで密室の「談合主義」が横行していた。公共工事と政治、ゼネコンと自民党内派閥とは、談合的な構図という点で、類似性が高い。

かつて鐘紡の社長を務め、大正期には衆議院議員であった武藤山治（一八六七～一九三四）は、自らの政治活動を通じて、広く国民に選挙権を与える普通選挙制度に賛成しつつも、普通選挙制度実施後も、選挙が利権の草刈り場となることを予想し、国民の政治意識の向上なくしては日本の政治が従来の悪弊の上に継承

される と危惧していた。

その武藤は大正一三〔一九二四〕年に初当選したあと、昭和五〔一九三〇〕年には自ら育て上げた鐘紡の社長を辞し、政治活動に専念したが、昭和七〔一九三二〕年に政界を引退した。政治理念を欠き、金権選挙から抜け出せなかった日本の政党政治家への失望の大きさに、その理由があったようにも思える。

田中角栄自身が日本政治のそうした構図をどこまで認識していたかはわからない。田中の歩みは、日本政治のもう一つの側面であった戦前来の官僚――「官縁」――政治を打破する新たな戦後の試みであったことはいうまでもないが、他方で、戦前の政治にみられた「地縁」と「金縁」を最高度に結び付ける地元還元を、利益配分政治へとシステム的に一層転換させて、日本国中に田中角栄の分身をまき散らすことになった。それは高度経済成長とともに生まれ、高度経済成長とともに終焉せざるをえない体制であり、本来は、田中時代の終わりとともに終焉するべきものであったが、その後も旧田中派議員によってその命脈が長く保たれてしまった。

先に、ノンフィクション作家で昭和史を丹念に掘り起こしてきた保坂正康の田中角栄観を紹介した。保坂は『田中角栄の昭和』で、田中を、戦前型の日本的社会を「理論や理念、あるいは思想をもって」ではなく、「物量によって最大の幸福を得る」という信念によって解体したと位置づけた。保坂は「そこにあるのは、単純に欲望の肥大、そしてそれを充足させる政治という尺度だけであった」ときわめて厳しく批判した。

しかしながら、田中角栄は保坂が描くような、直接的で、露骨なわいろで地縁・血縁・看板をやり取りする、単純でわかりやすい金権政治家ではなかったし、もちろん、高級官僚出身の官僚型政治家でもなく、まして は軍部が担いだ独裁的政治家でもなかった。だが、結果として、保坂がいうように「ひたすら無作為に

『近代日本』の解体をめざしていた」ことが、彼の残した政治家としての軌跡ではなかったか。

戦後日本政治の原風景

繰り返しになるが、大正七［一九一八］年生まれの田中角栄が、新憲法下の戦後政治の枠組みのなかで初当選するのは、昭和二一［一九四六］年の第二二回総選挙であり、わずか二八歳のときであった。「モノがない、何もない、ない内尽くしの世のなか……伝統的な温かさ、精神的な豊かさだけは、取り戻したい」と初当選の際に田中は挨拶をした。その田中がその後、日本が「政治から経済の季節」へと展開するなかで物質的豊かさを追い求める政策を掲げ続けることになることを考えると、そこにまさに戦後政治の原型があったし、また、その後の田中政治の逆説的な姿もあった。作家の津本陽は当時の田中角栄を「当時の角栄は〝革新政治家〟であった」とした上でつぎのように描き出している。

「それまで、新潟三区は地主など上流階級ばかりが代議士になった。旦那政治が戦前からの慣例であった。角栄は牛馬商の息子で高等小学校しか出ていない。田舎の村々で彼を支援したのは、青年団、特高崩れ、満州開拓団帰りといった、下積みの人々であった。彼らはそれまでの金満家による旦那政治をうちやぶり、貧しい環境を豊かに変えてゆく行動力のある若手政治家として、角栄を支持した。」

これは新潟三区だけの特殊な光景ではなく、その他の地域も含めて、戦後の新たな日本政治の出現を印象付けた姿であった。ただし、田中角栄は、先にみた望月圭介のような戦前の地方名望家型の政党人政治家や高級官僚出身の官僚政治家などとは異なり、天下国家を声高に論じることはなく、当時の社会党の政治家などのようにイデオロギーを振りかざすこともなく、物質的豊かさという私的利益の拡大と経済成長の幸福な一致というわかりやすい政治論理を強調していたことには留意しておいてよい。
自民党は田中角栄のような政党人政治家のみならず、高級官僚層出身の政治家やさまざまな出自をもつ議員を含め、地元への公共工事など利益誘導による数の政治を実現したことで、長期政権となっていくのである。政治学者の高畠通敏は、『地方の王国』で、戦後日本政治の光景に関わるそのような自民党の姿を、つぎのように描いている。

「保守党の支配がかくも根強いということは、端的に、中央におけるエリート官僚層と自民党の癒着、そして地方議会における保守議員の圧倒的優勢のなかにあらわれている。学歴社会の出世競争の勝者がやがて高級官吏となり、補助金による利益誘導をパイプとして地方議員を支配し、その人盤すなわち地盤を基盤にして国会議員に選出される。このように、学歴社会と官僚制そして地方自治体を手中に収めているがゆえに、日本の保守党は〝天下党〟なのであり……地方名望家――旦那衆や有力者が、地場産業での雇用と日常的な世話にからんで築いてきた伝統的な保守政党の構造に対抗し、学校出の官僚と結託して中央からの補助金を獲得することによって、道路や港湾を整備し、水利や耕地を改良して農業や漁業の近代化を進めようとするもので、農地解放によって新しく自作農になった農民や青年団に結集して若者たちなどの心を強くとらえたのである。……彼らは（保守本流派―引用者注）、すでに近代化が進行していた都会の先進地域にではなく、近代化に残されていた後進地域に根を張った。伝統的なエートス、共同体的心情が、未だ強く残っているこれらの地域の民衆が、中央にパイプをもつ有力者に票を献じることによって、その恩恵的見送りとして社会資本を獲得し開発を推進できる力学に目覚めるとき、そこに独自の政治体制が生まれる。」

田中角栄はそのような政治スタイルをちまちまと遠慮がちに実行したのではなく、堂々と掲げて巨大なスケールで大胆に実行したといえよう。田中時代の自民党議員、とりわけ、農村地域を選挙地盤にもつ政治家は大なり小なり、田中角栄と同様に、それまでの地方名望家政治の打破と政治の革新・改革を叫んだがゆえに選ばれ、利益配分の政治によって長く議員の地位を保持できたのである。皮肉なことに、同様に革新・改革をつよく主張した社会党などの政治勢力は、農民層などの支持を得ることなくその票田を失い、官公労系の労働組合からの支持によってのみかろうじてその地位を保った。

しかしながら、こうした政治手法は利益配分すべき経済パイの拡大を前提にしてその持続性が担保されるのであって、高度経済成長の終焉がやがて利権配分システムそのものの維持を困難にさせることになる。公共工事は、農村社会に現金収入と結びついた土木建設関係の仕事をもたらす即効薬であり、農家の兼業化を推し進め、兼業化の進展がさらなる現金収入にかかわる仕事の導入を必要とさせた。だが、公共事業によるインフラの整備は、それを必要とする産業の導入と定着があってこそ、地域の持続的発展を保証するのであって、公共事業だけでは一過性の経済効果しか生じない。先の高畠は、この点を的確につぎのように指摘する。

「公共投資の導入は、道路港湾等の整備が一段落してしまうと、そこに限界が生まれてしまう。仕事がなくなった半土建農民は、次の仕事の口として企業の誘致や観光産業の振興、あるいは一村一品などの土着産業の育成へと向かおうとするのだが、そのとき、田中軍団タイプの政治家は、もはや役に立たなくなるのである。」

この指摘からいまや四半世紀以上が過ぎようとしている。この間の政治と地方経済との関係を改めて振り返ってみれば、「田中軍団タイプの政治家」は、田中角栄ほどの巨大スケールではないにせよ、全く消滅してしまったわけではない。もちろん、日本だけではなく、世界各国で、利益配分をめぐる現実の政治は継承されているが、利益配分の先にある政策構想なども含めて政治哲学そのものがきちんと語られることがなく、敗戦直後の政治の光景がどこかに消え去ってしまい、経済的な苦境が続くにもかかわらず、経済的論理だけが突出しているのが、日本政治の現実の姿である。

この点については、政治学者の山口二郎は『戦後政治の崩壊―デモクラシーはどこへゆくか―』で、田中政治の延長にあった野中広務（一九二五～）の引退や橋本龍太郎派の混迷を「国内政治に関するパラダイムの終わり、すなわち開発主義と利益配分の政治の破綻を象徴している」とみるものの、田中型政治の慣性力の依然とした強さも指摘する。このような文脈で日本政治の流れをとらえる山口は、小泉純一郎（一九四二～）の登場が田中型政治の崩壊をようやく加速する役割を果たしたと分析する。

むろん、底流には政治家の世代交代という時間の流れがあった。戦前の官僚主義的政治を最後に代表していた宮沢喜一（一九一九～二〇〇七）も、いまはいない。そして、官僚出身政治家であれ田中角栄のような戦後型政党政治家であれ、いまはその二世・三世議員が後継者となり、政治家を家業とする「家業型」政治家が日本政治に大きな位置を占めるようになった。山口は、日本の戦後政治の断片を拾い集めるようにして、つぎのような「体制的」特徴を見出そうとする。わたしなりに整理しておく。

（一）安保体制――第九条を象徴とする憲法と米国への依存。岸信介に代表する戦前からの官僚政治家の政治主張は自主憲法の制定にあったが、社会党や世論の抵抗のなかで戦後体制が定着することになる。

（二）一党優位体制――「軽武装＋経済中心」が「保守本流路線」となり、池田勇人以後の自民党の政治の中心となり長期政権となった。

(三)利益政治体制――政権奪取を真剣に目指さなくなった野党勢力と自民党の長期政権下で、「自分の選挙だけを考えればよい大半の自民党政治家は、党内だけを見ながら権力闘争や政治活動を行う」ことになっていく。自民党が自らの選挙だけを考える「自分党」と揶揄されるようになるのはこれを象徴している。自分の選挙区への利益を中心とする開発主義政治が定着することになる。この意味では田中角栄はそうした自民党政治を大きなスケールで象徴したのである。

(四)官僚内閣制――官僚主導の内閣という政治システムの下では、省庁単位の利益配分政治が恒常化する。こうした省庁単位の利益集団・族議員・族会社が多層的に形成されてきた。

(五)民主主義の多面性――「政権交代のない民主主義」＝「イノベーションを欠いた半人前の民主主義」

山口は特に三番目の点を重要視して、田中角栄を利益政治――開発主義政治――を戦後政治システムとして完成させた政治家ととらえ、「田中の政策の目標は、地方において出稼ぎしなくてもすむような雇用の機会を確保し、所得水準を引き上げることであった」と述べる。たしかに、出稼ぎをしなくても済むために地域社会にとって不可欠なことは、地元に雇用をつねに生み出すことである。「列島改造論」を具体的に発表するまえの田中のさまざまな発言はこうした考え方に貫かれていたといってよい。公共工事は地方にとって雇用創出の即効力をもった。だが、それは一方において兼業農家の比重を増加させ、土木・建設業だけを大出させる結果にもなった。

地域において公共工事を確保し、それを発注し続けることは、選挙の地盤を強化することになる。だが、やがて地方のインフラ整備がある程度の水準に達すれば、その効用――雇用創出効果も含め――は逓減するのである。工業団地などを整備しても、そこに企業が再立地したり、新しい企業が生まれたりしなければ、地域の自立的かつ内発的な発展が困難となるのは自明である。

事実、全国各地にそのような姿が見られる。箱モノ行政ということばで象徴された。これからは地方文化の時代であると喧伝され、地域の人口に比してあまりにも立派な公共施設が建設されたものの、利用率は低く、周囲にはガランとした工業団地や商業施設が広がる姿があった。

第五番目の点について、山口は「人々の要求を政策形成システムに反映させるという意味での民主主義は、充分すぎるほど機能した。他方、その面での成功は、組織や地域の欲求を超えたより大きな公共的利益を見失うこととなった」と述べる。すなわち、それはスーパーミクロ、あるいはミクロの「公共」利益があっても、マクロ的ともいえる「公共」利益が判然としない姿である。山口自身は、そうした姿は「誇らしさ」と同時に、「情けなさ」を含んだ日本の民主主義の現実の姿であるとつぎのように批判する。

「戦後民主主義においては、人々は常に政治家や官僚にお願いし、恩恵的な利益配分を要求する存在であった。国民は、自ら政策のあり方を考え、政治や行政に積極的に参加するという存在ではなかった。自分たちの要求さえ通れば、あとは受動的な消費者として政策の恩恵に浴するだけというのが大半の国民の政治との関わり方であった。要求やお願いだけして、あとの処理は政治家や官僚に任せるという『お任せ民主主義』が続いてきたのである。」

いずれにせよ、山口の挙げた自民党長期政権がもたらした「お任せ民主主義」は、水面下での政財界の談合システムによって作動していたことを決して見逃してはならない。それを象徴するのが、田中角栄がいわば生業的に得意とした道路整備など公共工事予算の「政治的」配分であった。こうしたやり方は田中のロッキード事件――その真偽が米国の影を含んで、いまにいたるまで論議を呼んでいるが――で象徴されたものの、昭和二十年代なかばの造船疑獄以来、斡旋収賄罪の灰色ゾーンである利益配分は、日本政治そのものであった。

田中が作成したダムなどの公共工事をめぐる詳細な「談合表」の存在は広く知られている。こうした「調整」の結果、工事の受注業者は受注金額の一定割合を政治資金として政治家に「還元」することが、いわば公然の秘密――みんなが語るいわゆる「ここだけの秘密」――とされてきた。自民党の一党長期支配下の政治は与党内での派閥政治に等値され、そうした派閥の拡大や維持にはひたすら自派議員を増やすしかなく、そのために派閥領袖には多額の選挙資金が必要となった。巨額である公共工事予算の還流はその資金源となっていたのである。

その上、政治家は公共工事という見えるかたちで地元選挙民への貢献を印象付けることができた。新聞記者出身で自民党のなかで吉田茂等の官僚出身政治家に対抗して、党人派を代表し建設大臣等を務めた河野一郎（一八九八～一九六五）も、自派閥拡大のための政治資金を公共工事予算などに求めた。田中角栄はそうした「資金探査」をより大規模で組織的に行い、やがて、建設族や建設業者などとの利権トライアングルが形成されていくことになる。

こうした癒着構造が、米国議会において、日本市場の開放を求める外交問題で明らかにされたことは、日本政治の内部的自浄作用の弱さと健全な政権交代がなかった政治の不健全さを同時に象徴するものであった。それはとりもなおさず日本政治における政策形成のあり方を問うものでもあった。

政治家と政策形成過程

すでに紹介した山口二郎は、自民党長期政権下の政治家の政府観について、国家主義や権威主義が強かった戦前型政治家のそれと比較して、「政府は国民をコントロールする崇高な存在ではなく、国民の利益に奉仕する存在……戦後における私利私欲の開放こそは、田中型政治の最も重要な前提であった。……地元の支持者との関係においては、地域エゴや業界エゴの実現に戦後政治家の役割を忠実に演じていた。」と指摘する。

私利私欲の開放は、現実の議会政治においては多数派による利益配分の政治と容易に結びつき、配分すべきパイの継続的な成長が不可欠となる。日本経済が成長するかぎりにおいては、そのような政治――山口のいう開発主義政治――の実現性があった。やがて、経済成長の鈍化によって、私利私欲そのものの配分のあり方の見直しが政治日程に上らざるを得ないことになる。必然、田中角栄型の政策形成とその実行は岐路に立つことになる。

当時のニュース映像などをみても、田中は実に雄弁に現実的な豊かさとそれを実現するための政策を語っている。そうした政策は政治家の具体的なことばやスローガンを通じて語られ、マスコミを通じて広められる。情報政治学の高瀬淳一は政治家のことばについて『武器としての〈言葉政治〉―不利益配分時代の政治手法―』で、「公共事業や補助金の分配に力」を注いだ「角栄型政治手法」の終焉を告げた「小泉型政治手法」を取り上げ、二つをつぎのように対比させてみせる。

「田中型」――「『民主主義とは数である』と喝破し、権力をもたらす『数』を確保するために惜しみない『カネ』を使った……高尚な政治哲学や国家観に支えられて日本を導こうとした戦後第一世代の政治リーダーたちとのギャップは、こうした角栄の現実主義の徹底にあった。」

「小泉型」――「民主主義とは支持率である。小泉の政治手法のすごさは、現代の政治は国会議員のカネでもなく、究極的には『支持率の力』で動くものだと見抜いた点にある。」

高瀬は「首相就任時、経済は低迷し、デフレ状態に陥っていた」小泉純一郎には「角栄型政治手法」のしがらみは実質的にはほとんどなかったとしたうえで、その大きな政治課題の一つは、財政改革の下での「不利益分配政治」の実行であったと指摘する。不利益分配政治の実行者として小泉は、かつて打出の小槌のように思われ、一時は財政赤字への危機感から鎮静化したものの、バブル経済の下で再び復活した野放図な公共事業の拡大に対する見直しを国民に迫ることになる。政治は再びイデオロギーの季節となっていったのである。国が提示する地域経済政策や、本書でもっぱら取り上げている中小企業政策もまた、「田中型」と「小泉型」に象徴される日本政治の「ぶれ」を象徴していくことになるのである。

まずは「田中型」の政策を象徴した昭和四七〔一九七二〕年の『日本列島改造論』を取り上げておこう。

この下地となった政策構想は、昭和四二〔一九六七〕年から翌年にかけて開催され、田中角栄が会長を務めた自民党都市政策調査会で、関係省庁などから専門家たちを集めてまとめ上げた「都市政策大綱」である。当時、田中の秘書であった早坂茂三たちが中心となって、後に『日本列島改造論』として発表したことはよく知られている。

この『日本列島改造論』からは、衆議院永年勤続議員として表彰されたことなど私事についてふれているところは別として、田中らしい肉声が不思議とあまり伝わってこない、とわたしは感じる。それは『日本列島改造論』が、役人たちなど多くの関係者のアイデアや構想などを盛り込んだ総花的な報告書の延長にあったためであろう。当時、田中が国土開発について語っていた粗いアイデアをより具体化させたかたちにまとめるにあたって、建設官僚であった下河辺淳などが深く関わり、田中の大臣秘書官を務めた小長啓一の出身母体であった通商産業省の官僚たちも参加し、さらには田中の番記者なども加わって統計データを集め、最終的に文書として発表された。

『日本列島改造論』は、自民党総裁選挙直近という実に絶妙なタイミングで、昭和四七〔一九七二〕年六月に出版された。結果、日本列島改造構想はその内容よりもまずは「政治スローガン」として、田中たちが期待した以上に「田中政治」の政権ビジョンとして一人歩きしていくことになる。

この政権ビジョンの一人歩きは、日本列島改造の具体的な地域指定とそれをめぐる地域利害を無制限に拡大化させることになる。『日本列島改造論』は、発売後一ヵ月間で一〇万部を売り上げ、その後も増刷され、最終的には九〇万部近く売れたという。この種の本としては異例といってよい売れ行きは、「日本列島改造論」の地域指定に乗り遅れてはならないという、人びとが多かったことを象徴している。

『日本列島改造論』の概容を紹介しておこう。

同書は冒頭で明治以降の日本の近代化の功罪を取り上げた。このうち、罪については大都市圏への「人口の過度集中」を挙げ、現状のままでは「日本民族のすぐれた資質、伝統を次の世代につないでいくのも困難となろう」としたうえで、「ひらかれた国際経済社会のなかで、日本が平和に生き、国際協調の道を歩きつづけられるかどうかは、国内の産業構造と地域構造の積極的な改革にかかっている」と主張した。

こうした課題設定は、当時もそして現在も重要であることに変わりなく、地域経済の現状分析としても正しい。問題はこのような構想をどのような政策と制度で実現するかであり、そしてそれをどのような政治手法で実行するかである。それについては、つぎのように述べられている。

「都市集中のメリットは、いま明らかにデメリットへ変わった。国民がいまなによりも求めているのは、過密と過疎の同時解消であり、美しく、住みよい国土で将来に不安なく、豊かに暮していけることである。そのためには都市集中の奔流を大胆に転換して、民族の活力と日本経済のたくましい余力を日本列島の全域に向けて展開することである。工業の全国的な再配置と知識集約化、全国新幹線と高速自動車道の建設、情報通信網のネットワークの形成などをテコにして、都市と農村、表日本と裏日本の格差は必ずなくすことができる。」

要するに、首都圏への産業集中にともなう人口集中は、日本経済の成長にとって、もはやメリットではなく、むしろデメリット化しており、集中を解消するには交通通信網の全国的整備を通じて工業の全国的再配置を行うことが火急の課題となっていると主張したのである。同書はその先につぎのような日本社会のあるべき姿を描いた。

「戦後の東西冷戦構造は基本的にくずれ、世界は平和共存に向ってすすみつつある。他方、南北の問題はますます深刻化するにいたった。戦後世界の秩序は政治、経済の両分野で明らかに再編成の局面を迎えている。こうした戦後体制の転換期にあたってわが国の内外政策は根本的に再検討されなければならない。日本のこんごの進路を一言にして要約すれば『平和』と『福祉』につきよう。……内についていえば、これまでの生産第一主義、輸出一本ヤリの政策を改め、国民のための福祉を中心にすえて、社会資本のストックの建設、先進国なみの社会保障水準の向上などバランスのとれた国民経済の成長をはかることである。

こうした内外両面からの要請に応えるための大道こそ私の提唱してやまない日本列島の改造なのである。」

この構想は、田中が中心となってまとめた「都市政策大綱」の基本的な考えの延長線上にあった。いまの時点においても、このような構想は決して古さを感じさせないものであり、それだけに日本社会あるいは日本経済のあるべき姿がまずはもって達成されていないことを示している。

皮肉にも、日本列島の改造構想は結果としてその後に起こった石油ショックの下で一層の地価高騰をもたらし、交通通信網の整備はかえって既存都市への集中を推し進めることになった。しかしながら、本来、その前提にあった田中の問題認識は現在にいたるまで正統性をもっている、とわたしなどは思っている。

『日本列島改造論』の指摘する問題をわたしになりにつぎのように整理しておく。

(一)東京を中心とした三大都市圏への人口集中がもたらした問題——特に東京の「過密化」がもたらす地価高騰などによる住宅難、通勤難、大気汚染、水質汚濁、電力不足のピンチ、大地震など災害への脆弱性など。

(二)農村地域における過疎化の問題——都市の過密化と農村地域における過疎化は裏表の関係にあり、出稼ぎ社会化による地域社会の崩壊につながること。

田中たちはこれらの諸問題を解消するために、日本列島における「人と経済の流れを変える」政策の必要性と改革の早急な実施を説いた。そのための「処方箋」が『日本列島改造論』で提示されていた。たとえば、その筆頭が「過密と過疎の同時解決策」としての「工業再配置」政策の導入であり、道路などインフラの整備について、つぎのように説かれた。

「私のいう工業再配置は、太平洋ベルト地帯への工業立地の流れをくいとめ、さらに超過密都市から地方に向けて工業を積極的に移転させるところに新しいねらいがある。いいかえれば、都市機能の一部である工業生産を東京、大阪などから追出し、これを全国的な視野に立って再配分するわけである。この一次産業の地方分散を呼び水にして三次産業を各地に誘導し、一次産業の高度化を図るのが工業再配置の日的である。……したがって、工業再配置は全国新幹線鉄道網の建設、高速自動車道などの道路整備、本四連絡架橋、全国的情報・通信ネットワークの形成、環境対策、大都市の再開発、地方都市づくり、日本農業の再建などを含む国土総合開発体系の一環であり、その中核的な政策である。」

超過密地域の工業の移転先地域としては、北海道、東北、北陸、山陰、四国、九州、沖縄を挙げ、具体的には基幹資源型産業を東北や九州へ、機械・金属などの内陸工業型産業を農村地域へ立地させることとした。このうち内陸型工業については、「高速自動車道のインターチェンジ周辺に一定の経済圏、通勤圏を持つ（人口二五万人程度の―引用者注）地方都市を整備し、その一角に」工業団地を建設して、企業を積極的に誘致することが提案された。

また、豪雪地域の工業化については、「世界の先進工業国十一ヵ国は日本より北にある。北緯四十度から五十度が世界の工業地帯である。北緯四十度は秋田県の八郎潟であり、北緯五十度はサハリンの中央部にあたる。欧州大陸で有名な重工業地帯のザール、ルール地方はほぼ北緯五十度、イギリスのマンチェスター、リバプールは北緯五十二、三度線上に位置している……」と指摘して、北海道や東北の工業化を積極的に促進することが強調された。他方、公害についても厳しい規制を企業に課することに言及した。

こうした方向の推進についての政策手法は、つぎの五項目にわたる助成策として提示された。①公団による融資あるいは買い上げ、②工場の撤去費、設備等の運送費などへの融資、③移転先工場の自治体への床面積に応じた補助金——工場周辺の緑地帯、公害監視設備、託児所などの建設費——、④移転促進地域内への移転工場の建物・設備の加速度償却、⑤移転先の自治体が固定資産税減免措置実施の場合の国からの地方交付税による補塡。

このほかにも、移転促進地域から工場を受け入れた自治体へは、環境保全施設や福祉施設の建設への補助金、工場団地建設への利子補給などの措置が取られる一方で、過密地域へは工場追出し税を国税として課すとした。

また、「情報列島の再編成」も打ち出されていた。すなわち、大都市圏から地方圏への工場の移転だけではなく、大都市圏に集中し過ぎた教育、研究などの社会的・文化的な機関に加え、「行政機関についても地方自治体に許認可権を大幅に移譲することによって簡素化するのが望ましい」とした。そうした分散は、コンピュータネットワークの普及という「情報列島化」によってつぎのように可能であるとみられた。

「新しい情報ネットワークとシステムは産業や人口の地方分散を容易にする。必要な情報が十分に手にはいるようになれば、工場の分散はもちろん企画、調査、管理部門、研究所なども一緒に地方分散が可能になる。そうなると地方大学をでた青年たちが地元で働く職場もふえる。地方の企業は本社機能を大都市に移さなくともすむ。」

こうした構想の実現の鍵を握るのは、人口二五万人程度の地方拠点都市構想——新地方都市ビジョン——であった。それは「産業の分散による経済活動に加えて、情報、金融、流通など開発拠点としての都市機能をもち、さらに医療、文化、教育などサービス面の整備」が行われた都市であると想定されている。こうした都市の一つのかたちとして、「その産業では日本一のあつまり」であるインダストリー・キャピタル——

特定産業都市――も提案された。また、大学の地方分散も同時に説かれた。

さらに、農業地帯については「農工一体構想」が示された。これは八〇％の食料自給率を維持させるため経営規模の拡大と機械化を達成しつつ、余剰労働力を工業に吸収させようとしたものである。

最終的には、こうした諸構想の実現の可能性はどのように財源を確保するのかという点に帰着する。『日本列島改造論』でも最終章がこれに充てられた。すなわち、

「工業再配置や社会資本の徹底的な充実を中心とする新しい国づくりは、大量の資金投入と思い切った創意や工夫をこらすことによって、はじめて可能となる。この資金と創意、工夫を生み出すためには、既存の制度や法律にとらわれることなく、大胆な発想に立たなければならない。……新しい国づくりを効率的に推進するためには、財政資金の先行的、重点的な投入が必要である。実績主義による後追い投資は、財政にたいする負担をかえって大きくするだけである。」

田中はこの事例について、日本の交通網整備に寄与したとして自ら実現させた自動車重量税などの役割を強調した。

そして、工業再配置計画という新しい「産業政策」への大転換には「禁止税制」と「誘導税制」の二つのやり方を組み合わせるやり方が想定されなければならないが、これらについては、その税源として法人税付加分一・七五％を活用することが提案されている。ただし、この構想は当時のドルショックによって実現までに至らなかった。この新しい産業政策の実施について、同書は新しい「官民協調」路線を同時につぎのように提案した。

「地方開発にしても、大都市の改造にしても、民間の力だけで取組める問題ではないが、政府の力だけ

でやろうとしてもできない。民間の資金、技術、バイタリティを税制や利子補給などに上手に制御しながら活用すれば、非常に大きな力を発揮することが期待できる。そのためには、まず政府が自らの責任でやるべきことはなんであるかを明確にし、やるべきことはやらなければならない。しかし、その他のものは、公共性と収益性の兼合いに応じて政府、民間の協力・協業を考えたり、民間にまかせて適切な制御と助成を行う。このような多くの方式をうまく組み合わせて、新しい官民協調路線を確立したい。」

こうした政策の実施機関となるのはいわゆる第三セクターであった。こうした第三セクター方式の経営感覚——とりわけ、コスト意識など——が問われることになるが、同書は当時すでに「その功罪が明らかになりつつある」として、第三セクターを「注意深く育てていきたい」と指摘している。

同書は「むすび」で「地方も大都市も、ともに人間らしい生活が送れる状態につくりかえられてこそ、人びとは自分の住む町や村に誇りをもち、連帯と協調の地域社会を実現できる。日本中どこに住んでいても、同じ便益と発展の可能性を見出す限り、人びとの郷土愛は確固たるものとして自らを支え、祖国・日本への限りない結びつきが育っていくに違いない。……私たちがこんごとも平和国家として生き抜き、日本経済のたくましい成長力を活用して、福祉と成長が両立する経済運営を行う限り、この世紀の大業に必要な資金と方策は必ずみつけだすことができる。」と述べた上で、つぎのように結んでいる。

「一億を超える有能で、明るく、勤勉な日本人が軍事大国の道をすすむことなく、先進国に共通するインフレーション、公害、都市の過密と農村の過疎、農業のゆきづまり、世代間の断絶をなくすために、総力をあげて国内の改革にすすむとき、世界の人びとは文明の尖端をすすむ日本をそのなかに見出すであろう。そして自由で、社会的な偏見がなく、創意と努力さえあれば、だれでもひとかどの人物になれる日本は、国際社会でも誠実で、尊敬できる友人として、どこの国ともイデオロギーの違いを乗り越え、兄弟づきあいが末長くできるであろう。……日本じゅうの家庭に団らんの笑い声があふれ、年寄りがやすらぎの余生を送り、青年の目に希望の光が輝く社会をつくりあげたい。

このような結論は、いまの時点からみてもすばらしいものであり、実現できていれば日本の現在の姿も大きく異なっていたことであろう。しかし、同書はそうした地域政策構想のなかで、中小企業政策に直接ふれた個所は残念ながら少ない。中小企業政策に関するところをみておけば、「わが国には内陸型工業団地はいくつもある。住宅公団、県市町村、公社などが中小企業団地を含めて多くの工業団地をつくってきた」という箇所だけで、他に特別に言及されてはいない。

この理由の大半は、工業再配置が現実に可能であるのは、一定規模をもつ企業群であって、資金力などや地元への密着度が高い中小企業ではその立地周辺地域への移転は別として、他地域への再立地がきわめて困難であることが予想されたためであろう。当時の中小企業経営者の感覚からいえば、都市の住工混在地区に立地している場合に、そこから追い出されるのではないかという危惧がある反面、受注先の大企業や中堅企業の地方圏への再立地が進んでいけば、自分たちの事業所もまた再立地させる必要があり、資金力に乏しい中小企業にとっては不安があった。他方、地方の中小企業にとっては、工業再配置の進展は大いに歓迎すべきとする雰囲気があった。

とはいえ、日本社会の未来像を簡潔にわかりやすい言葉で掲げた『日本列島改造論』への国民の期待には、概して高いものがあった。この背景には、佐藤栄作の後を受けた田中首相の登場が、佐藤長期政権にうんざりしていた国民の感情を好転させ、日中国交回復という外交面の成果も上がるなかで、日本の抱えるさまざまな問題の解決を今太閤の田中角栄に求めるムードがあったのである。当時の世論調査の結果は、共産党を除き他の野党支持者のなかにも田中人気が高かったことを示している。

政治学者の白鳥令は『日本における保守と革新』で当時の田中人気についてふれて、「田中総理を支持する人間は、政党支持に関係なく田中総理を自民党から切り離して支持する場合が多いのである。……田中支持の態度は、それがこれらドライな有権者によって支えられている故に、田中総理がこの期待に応えないことを悟った瞬間に急速にしぼみ、反動があらわれるであろう。」と指摘する。実際のところ、そのようになった。「日本列島改造論」への期待が高い分、それが達成困難となれば、田中内閣への期待も急速にしぼんだのである。

白鳥は国民の『日本列島改造論』への関心について、当時の東京都知事選でも争われていた「都市改造案――四兆円ビジョン――」をめぐる選挙運動に関連させて、「有権者の側で『日本列島改造論』が政策としてブームをおこしているとは、どうしても判断できない」としつつ、国民の重要関心事はむしろ自分たちの等身大の生活感に直結して、上昇し始めた「物価」にあったと結論づけたうえで、つぎのように指摘している。

「『日本列島改造論』に対する国民の総体としての反応は『ないよりはよい』というところに落ちつくとしても、現実に農山村地域、特に過疎問題で悩む北海道、東北、九州などで田中内閣への期待と支持とが非常に高いという点は、考えなければならないいくつかの側面を有している。……過疎地域の田中ブームは、それがいかに強烈なものであっても、過疎地域で生じているが故に人口比率からみると小さく、世論調査のなかでは全国的傾向の中で吸収されてしまう。」

実際のところ、『日本列島改造論』の実現性をめぐっては、すでに述べたように、工場などの再配置をめぐって過疎地域と過密地域には温度差があった。しかし、白鳥のいう物価への関心はそのような地域差をこえて国民全体の大きな関心事、より正確には大きな心配事となっていたのである。

結果として、『日本列島改造論』の実行にかかわる予算が巨額化するなかで、従来の開発業者だけではなく、商社やさまざまな業種業態の事業者が対象地域を予想して土地の買い占めに走り、物価の上昇に一層火をつけることになる。物価についてみれば、田中が自民党の総理総裁選挙に勝利して組閣する昭和四七［一九七二］年まえからすでにじわじわと上昇し始め、それが田中首相の登場とともにさらに上昇し、石油ショックで加速化していくことになるのである。

第二部　中小企業と構造改善

戦前期の日本社会を貫いた貧しさを体験してきた田中角栄は、戦後の豊かな社会を「裏日本」にももたらす使命感を持っていた。豊かさへの希求は、戦後の日本社会のあるべき姿を追い求めた多くの日本国民に共通した感情であった。この点において、官僚出身の吉田茂、岸信介、池田勇人、佐藤栄作などの政治家が戦前来の社会的価値観を引きずりつつ、かつての独立国家日本の復興を強く意識していたのとは異なる。田中角栄はその社会的出自とともに戦後社会の新鮮さを象徴した人物であった。

岸や佐藤は自らの政策を開陳するうえで、中小企業についてそう多くを語ったわけではない。池田については、大蔵大臣や通産大臣のときの、「ヤミ取引を行っているような中小企業（者）の二人や三人の倒産はかまわない」、「中小企業が倒産し、思い余って自殺するようなことがあってもやむを得ない」という趣旨の発言を、前後の文脈から切り離されて、新聞がセンセーショナルに取り上げたこともあり、通産大臣辞任――池田は戦後憲法下ではじめて不信任決議のために辞職となった――に追いやられている。

こうした大企業重視、中小企業軽視というレッテル――池田の当時の発言の前後を読みなおせば、マスコミが誇張して伝えたのではないかとの印象もあるが――が張られた池田に比べて、田中は、中小企業経営者出身ゆえに、中小企業の経営実態をよく知る政治家――そのようなイメージを意識的に作り上げたかどうか別として――として、国会発言などでも中小企業に配慮した発言が多かった政治家である。

かといって、田中が中小企業政策だけに特化していたわけではなく、むしろ、その主戦場は――建設大臣や運輸大臣を経験したわけではないが――建設・土木など地方の社会インフラにかかわる政策立法の分野であった。ただし、田中角栄の利益配分の政治手法は中小企業政策においても発揮されていた。それは、中小企業を対象とする工業立地政策のみならず、繊維産業をめぐる産業政策においてもいかんなく発揮された。

日本列島改造構想による工業再配置などは都市圏のみならず、地方圏の中小企業の存立に大きな影響を及ぼすものであり、それは単に地域政策や工業政策ではなく、同時に中小企業政策でもあったが、ここではそうした地域政策としての中小企業政策ではなく、産業政策としての中小企業政策であった繊維産業をめぐる、構造改善の「田中」型政治とその帰結をみておくことにしたい。

第三章　構造改善の政治

日本社会と中小企業

物質的豊かさを追求する試みは、農業政策のみならず中小企業政策などの立法措置においても、「近代化」政策(*)という考え方で、刻印されていくことになる。そうした近代化の政策思想は多くの日本人に、生産過程の機械化あるいは自動化によって生産性を単に引き上げる以上に、それまでの日本社会の「遅れた」部分＝前近代性を払拭し、戦前社会のような不平等と不自由を克服するものと意識されていたのではないだろうか。高度成長期に導入された多くの近代化政策立法には、高度成長をさらに加速させ、その成果を分配することで人びとの生活に向上と平等をもたらす役割が期待されたのである。

＊日本における近代化政策については、つぎの拙著を参照。寺岡寛『アジアと日本―検証・近代化の分岐点―』（信山社、二〇一〇年）。

しかし、高度成長は、不均衡発展をもたらすことで富の分配の不平等を可視化させることになる。それゆえに、その是正のためにさらなる高度成長が肯定され、人びとの平等への希求意識が定着したところに戦後日本の経済社会の特徴があったといってよい。ただし、大企業と中小企業の「二重構造」問題が象徴するように、実際には産業間、企業間、地域間において同一基準でのナショナル・ミニマム的な平等が達成されたわけでは必ずしもなかった。

輸出型産業及びそれに関連する民間企業や、建設など公共部門で、雇用安定と所得水準の引き上げが強調される一方で、中小企業性業種や農業部門の不安定さが日本社会の構造的問題として浮上し、その解決が大きな政策課題となってきた。「自由主義経済体制」と「グローバリズム」というイデオロギーが改めて重要視され、日本経済がその競争力を保持・強化するには、さまざまな規制撤廃——実際には利害調整の困難さから規制緩和——が必要であることが強調されるようになった。だが、規制緩和は本来期待された平等分配ではなく、不平等分配という結果（＝副作用）をますますもたらしたのである。

戦後の政治家たちによって担われてきた近代化政策は、いわば経済成長による「利益分配の政治」であったが、小泉純一郎（一九四二～）の登場は、それ以前の日本政治との比較でいえば、「無い袖は振れない」という「不利益分配の政治」を通じての戦後日本社会の見直しであったともいえよう。一九八〇年代の中曽根康弘（一九一八～）内閣以来の規制緩和——民営化や公有地の市場化を含め——は小泉内閣で加速化したのである。日本社会にとって規制緩和は、欧州社会などと比較した場合、元々低水準であった福祉制度をさらに一層引き下げることで、企業内福祉に依拠してきた戦後日本社会のセーフティーネットの脆弱さが改めて明らかになり、福祉制度——年金制度なども含め——そのものの見直しが迫られることになった。

いわゆる経済のグローバル展開によって空洞化が加速した日本経済の下で、企業から社会へ、大企業から中小企業へ、中央から地方へ、輸出から内需へとある種の戦前型社会への再回帰は行われてきたが、とりわけ、農業を基盤として存在していた地域は一層解体してきており、改めて「近代化」政策や「近代化」を推し進めた政治のあり方が問われている。

製造業分野では大企業のグローバル展開によって国内雇用の空洞化が進展し、かつてのような高度成長には及ばなくとも、一定水準の持続的経済成長が果たして再び可能かどうか問われている。また、家族や地域的な紐帯という社会的――非公式的――なセーフティーネット機能は、核家族化や人口減少傾向のなかど着実に低下してきており、あらためて公的な社会福祉制度――セーフティーネット――の再構築も必要となってきている。

このように従来の社会構成原理が大きな転換をせまられているなか、企業や家族、さらには地域社会への依存を困難とする見方から、個人の能力向上を強く目指そうという動きも強まった。だが、どんなにすぐれた航海士であっても、船が沈みかけている場合、個人の能力や努力が報いられる保証はないのである。個人の間を結び合わせる社会的連帯感と、個人の能力や努力が真に報いられる社会体制の再構築が、日本社会の大きな政策目標となってきている。

近代化の政策思想が平等化、自由化、さらには個性化という社会的規範や社会的価値観を定着させることで、その役割が終わったとしたら――いわゆるポストモダンの時代の下で――、現在の、ときに行きすぎともおもわれるような個人化志向――「自己実現志向」、「健康志向」、「資格志向」――はわたしたちにとってむしろ大きな負担となっているのではあるまいか。

たとえば、日本社会に蔓延する個人化をある意味で象徴している大学生や社会人の資格取得熱は、一見リスク回避的で安定しているようにみえるエスタブリッシュメント的職業への切符のようにみえる。だが、現実にはすべての労働市場にはそれぞれの需給関係があり、資格取得者がそれに見合った安定的職業につける保障などはないのである。一方、そうしたリスク回避とはまるで正反対のような起業――自ら事業を起こすこと――の「勧め」がもっとも安定している公務員職の人たちによって推奨され、起業家精神――アントレプレヌール――の崇高さが政府によってあらゆる機会を利用して強調されている。(*)結果、起業政策がわが国の中小企業政策の新たなメニューに加わったが、そこに共通するのは「個人化」の重いくびきである。

＊この課題の詳細については、つぎの拙著を参照のこと。寺岡寛『比較経済社会学―フィンランドモデルと日本モデル―』信山社（二〇〇六年）。

振り返ってみれば、日本の近代化政策が対象としたのはもっぱら産業や企業集団という群――いわゆる「ぐるみ」(*)――であった。その先駆的かつ典型的事例は繊維産業の近代化であった。しかし、近代化政策にもかかわらず、繊維業界は大きな構造変革をなしえなかった。近代化の後に待っていたのは個別企業、さらには、あるいはそこに働く個々人にまで原子化されたような、個別対応での創造性の発揮のような結論であった。起業家精神が強調されるようになった時代の底流と背景には、従来のような近代化政策志向の行き詰まりがあったのである。

＊「ぐるみ」の政策思想についてはつぎの拙著を参照。寺岡寛『日本の中小企業政策』有斐閣（一九九七年）。

田中角栄に代表される「利益分配」型政治の終焉と、その後の小泉純一郎に代表される「不利益分配」型政治の登場は、日本社会や日本経済の変革をどの程度まで推し進めたのかはここでは問わない。だが、田中角栄が残した政治手法や政策手法は、その後においてどのように継承され、あるいは継承されなかったのか。先にみた原子化あるいは個々人化された課題を、個人の能力と努力の範囲に極小化し解決することが果して可能なのか。人びとがそのような意識を強くするとき、さまざまな課題を社会的な問題として理解し、解決しようとする人びとの政治意識が解体することになる。前述の保坂正康は『田中角栄の昭和』で、田中角栄を「日本的社会の解体者」としてとらえるべきであるとして、つぎのように強調した。再度紹介しておこう。

「各種の書を読み、政治家としての言動を丹念に分析していくと、田中は日本的社会の解体という意図をもっていたと言うべきだろう。理論や理念、あるいは思想をもって解体しようとしたのではない。個人は物量をもって、国家は経済社会の繁栄をもって最大の幸福を得るという信念によってである。そこにあるのは、単純に欲望の肥大、そしてそれを充足する政治という尺度だけである。……田中は単純な金権政治家ではなく、むろん政治的独裁者でもなかった。ひたすら無作為に『近代日本』の解体をめざしていた。」

保坂のいうように、田中がひたすら無作為に「近代日本」の解体をめざしていたとすれば、田中が意識した近代日本社会と戦前の日本社会との比較から一体何が見えてくるのだろうか。

すでにふれたことだが、田中角栄が生まれた大正七［一九一八］年は、日本社会にとって波乱の年であった。世界的流行となった「スペイン風邪」が日本でも猛威をふるい、死者の数は一五万人にも達した。後に米騒動と称されるようになったが、米相場が急騰しはじめ、投機による米不足に浮足立った富山県下の漁民の主婦たちが米商と争ったことが全国へと波及し、政府の過剰反応を引き起こし大きな混乱となっていた。米騒動による物価高は都市生活者をも襲った。しかし、角栄の出身である新潟県の農民にとっては、やがてその影響が及ぶにしても、それはまだ、遠く離れた都会のことであった。

大正九［一九二〇］年に、最初の国勢——人口——調査が実施された。当時の日本の総人口はおよそ七七〇〇万人であり、そのうち日本国内は五六〇〇万人ほどで、人口が急増しつつあった東京の人口は約二一五万人であった。都会の人口増は商業やサービス業の拡大を通じて、さらに人口を地方から吸引した。この時期、日本社会は工業生産額が農業生産額を上回り始めているが、角栄の周辺地域は未だ農村社会であった。

当時の日本社会は欧州での大戦景気に沸いたが、やがて物価高と反動不況に苦しむことになる。農村では生糸の原料である繭や米などの価格が一転して暴落、日本各地の農村は疲弊し、小作争議が増加した。大正一二〔一九二三〕年には賀川豊彦（一八八八～一九六〇）等が中心となって日本農民組合（日農）が組織され、小作料引き下げ要求を中心に草の根的な政治活動が活発化した。新潟県にもこうした運動の波が押し寄せていたが、角栄の故郷には油井があり、そこで働く人たちもおり、他の地域と比べて現金収入にめぐまれ、小作運動が先鋭化していたとは言い難かった。

他方、東京に丸ビルが誕生するのも大正一二〔一九二三〕年のことであった。この年、関東地域を大震災が襲った。焼失戸数は東京市内で約二二万戸であり、豊かであったはずの東京には震災の影響で自宅のみならず生活手段を失った失業者が急増し、労働争議が増加した。こうしてみると、田中角栄の精神形成時代は、戦間期の安定した時期があったものの、総じて日本社会が大きく揺れ動いた時期であったといってよい。

そして、敗戦後の混乱である。人によっては乱世、人によって千載一遇の機会であった。それまでの社会秩序が崩壊したが、その崩壊によって、困難であったことが容易に実現する機会が提供された。確かに、混乱はチャンスでもあったのだ。すくなくとも、財閥解体、経済力集中の排除、独占禁止の導入などによって中小企業経営者たちは大企業優位体制が崩れることに期待し、そこにビジネスチャンスをみた人たちも多かった。田中角栄もまたそのように考えた人たちの一人であった。

だが、実際には戦後復興の下で、日本経済は戦中と同様に統制が続き、表向きの統制経済の下で、闇経済が闊歩した。政府はモノ不足の根本的解決策として「傾斜生産方式」による経済復興策を打ち出した。つまり、不足するエネルギーや食糧増産のために基幹産業部門に資金や資材をまずは集中的に投入する体制が優先されることになった。中小企業者はこれを大企業体制復活として警戒し、反発した。

やがてエネルギー供給が安定するにつれ、人びとの生活の関心が衣食住に移ったころ、日本経済をけん引していく分野として期待されたのは、「衣」ということでは川上――原糸など――、川中――織物など――、川下――アパレル製品など――から重層的に構成される繊維産業であった。繊維は、一部の原糸部門を除き中小零細企業が広範に存立していた産業でもあった。また、「食」ということでは農業部門を中心として、食品加工分野には中小企業が数多く存立していた。「住」では、戦後、地方から首都圏へと急速な人口移動が起こるなか、インフラ整備や住宅建設では大企業のみならず、中小零細企業が典型的な消費者立地の地域産業として広範に存立していた。

こうした産業群のなかでも、外貨獲得の上で最重要視されたのは繊維産業であり、その近代化をはかりさらに資本財・中間財の分野、とりわけ、機械産業の振興を図ることが日本経済の自立にとって不可欠な政策目標となっていく。日本の政治において、とりわけ、中小企業性業種である繊維産業において、近代化政策が積極的かつ先行的に展開されていくことになる。

繊維産業と中小企業

先に昭和二二［一九四七］年第一回国会衆議院本会議での田中角栄の中小企業対策に関する発言――一年生

議員としてはその「勉強ぶり」をきわめて高く評価しておいてよい——を紹介したが、それは同年二月一五日に閣議決定された「中小企業対策要綱」を念頭においたものであった。内容はつぎのとおりであった。

「国家経済の再建と国民生活の安定とは中小企業に依存する所大なるに鑑み、政府は此の際中小企業の確実な振興を図る為左の基本方針により強力且迅速に施策を講ずるものとする。

一、現在の資材及び資金の需給状況に於ては中小企業全般にわたりその振興を期することの極めて困難なる現状に鑑み、さしあたり本要綱によりその振興を実現すべき中小企業は輸出品、生活必需品等刻下重要なる国家的使命を有する業種にして政府の指定するものに重点を置くこと。

二、今後の経済情勢に鑑み、中小企業の振興は高度の科学的能率経営を第一義とし非能率経営の排除を期するものとする。これが為各種関係公共機関及び民間団体を動員して経営刷新の指導に当ると共に、商工協同組合による組織化を普及促進し組合の共同施設により中小企業経営の強化拡大を図るものとし、特に必要且有効なる共同施設に対して特別の援助を与えること。

三、時に中小企業の技術部面を現状の儘に放任するに於てはその将来の存立は不可能と考えられるにより、この点については強力なる技術指導の実施により世界的水準に達せしむることを目標として根本的刷新を図るものとする。これが為この際内外の優秀技術を調査把握し、特に大企業の技術にして中小企業生産に利用し得べきものは之を徹底的に活用すると共に、技術研究機関の拡充強化及びその総合的運営により最新技術を中小企業に導入するものとする。而して其の普及化及び実用化の指導については、各種公共機関及び民間団体並びに民間優秀技術者を動員して規格実施の徹底を図ると共に一般的及び個別的技術につき講習会の開催及び実施指導を行はしめ、進んでは模範工場の設営、試作研究の奨励等の方策を講ずること。

四、高能率の中小企業に対しては極力資材及び設備の確保を図るものとし、この点に関しては特に産業復興営団の機能を活用すること。

五、中小企業の所要資金については、一般金融機関及復興金融金庫の資金を更に強度に活用するの方策を講ずるの外、中小企業金融の重要性及特殊性に鑑み此の際商工組合中央金庫を強化すること。

六、優秀製品の公開により中小企業製品の品質の向上と販路の開拓を図る為見本市、展示会等を開催し、優秀製品に対しては表彰或いは資材の特配を行ふ等の特典を与へ奨励の措置をとること。

七、中小企業振興の諸方策を強力に実施推進させる為中央及び地方の指導機構を強化すること。

八、以上各項目の実施に必要な法制的及び予算的措置を速かに講ずること。

備考　商業に関しては前各号に掲ぐる事項の外別途之を定めること。」

政府――商工省産業復興局――としては、敗戦の混乱の下、早急かつ緊急に中小企業政策を打ち出さざるを得なかった。その一環として昭和二二［一九四七］年一一月七日に閣議決定されたのがこの「中小企業対策要綱」であった。要綱にはその「趣旨」がつぎのように示されていた。

「中小企業は我国経済発展の特殊事情により産業構成上極めて大なる比重を占めているが更に今後中小企業によらざるを得ない人口は益々増大する必然的趨勢にある。故に中小企業対策は我国において特に経済的かつ社会的重大問題である。

一方物資需給の極度に逼迫する現状においては企業生産の効率性に主眼をおく資材の有効活用を図ることが必要である。

又他方中小企業問題の困難性を深く認識しつつ、しかも私的独占の禁止と不当な取引制限の排除とにより確保せられる自由公正な競争経済下において中小企業の健全な発達を図ることがわが国経済再建の真の基盤なることを固く信ずるが故に、今後これに最善の努力を傾注し、一般中小企業に対し業種の選択、経営の能率化、技術の改善等につき適切なる指導を与えると共に前途困難と思料せられるものに対しては国内および国際経済事情に照し適当なる分野への転換を懇切に勧奨する等によって、中小企業にひろく活動の機会を与え、国内および国際経済の発展に資せんとするものである。」

そして、より具体的な対策――措置――としては、「少数の従業員を以て責任者が自らその運営に専心するようなものであって概して所有、運営共に単独的であり、且つ産業全体の水準から見て投資額、生産額、販売高、取扱量等が比較的少なくとも少数の分野に止まると共に他の企業との間に投資関係なく一方能率が不十分なため、経営、技術、金融、税務、統計、その他営業一般につき他の指導が必要であるような」中小企業(*)に対して「技術向上の指導強化」、「経営の能率化の推進」、「審査制度の確立」、「指導機構の強化」の四つの柱を立てていた。それぞれの項目の内容を簡潔に整理して示しておこう。

*当時は、中小企業の統一的定義はなく、関連政策機関――金融機関を含む――がまだバラバラに中小企業の範囲を決めていたのである。詳細は寺岡寛『日本の中小企業政策』有斐閣（一九九七年）、同『日本型中小企業―試練と再定義の時代―』信山社（一九九八年）、同『中小企業政策の日本的構図―日本の戦前・戦中・戦後―』有斐閣（二〇〇〇年）を参照。

（一）技術向上の指導強化――①中小企業総局（仮称）の新設、中央および地方に中小企業相談所などの新設と中小企業への指導実施、②中小企業の指針となる科学技術方法の研究、③展示会や見本市等の利用と優良品への表彰、④講習会の開催、⑤優秀技術の導入など、⑥輸出産業＝伝統的郷土産業の振興、

⑦発明、考案の育成、⑧試験研究機関の活用など。

(二)経営の効率化の推進――①中央と地方の中小企業指導機構の強化と専門家による指導、②資材、燃料、動力の合理的使用の徹底化、③指針となる経営能率化の方法を講ずること、④原価計算制度の普及による経営効率の向上、⑤科学的・能率的経営方法の普及講習会などの開催、⑥金融などの事項に関する指導。

(三)審査制度の確立――①中小企業の技術・経営水準の向上を目的とする、②審査結果を技術・経営指導に結びつける、③審査は申請によるものとする。

(四)指導機構の強化――①中小企業総局(仮称)を商工省に設置、次官級の長官をあて、専門家を配置、②商工局と都道府県担当部局に中小企業指導部処設置の勧奨、③中小企業連絡調査委員会の設置、④中小企業相談所の設置。

さらに、(五)中小企業対策への予算的措置など。

「中小企業対策要綱」は片山内閣の下で閣議決定され、中小企業総局構想は「中小企業庁設置法」案として昭和二三[一九四八]年第二回国会で成立し、芦田内閣の下で同年八月に中小企業庁が設置された。(*)

＊中小企業庁設置前後の詳しい動きについては寺岡寛『日本の中小企業政策』有斐閣(一九九七年)を参照。

要するに、昭和二一[一九四六]年以降の経済復興政策として実行され、大企業偏重との批判も強かった「傾斜生産方式」の考え方を、中小企業政策にも適用しようとするものであった。資金、人材、資材などか限られている当時にあっては、発展の可能性のある中小企業に対しても優先順位を与えるべきであり、ただし、その対象は「輸出品、生活必需品等刻下重要なる国家的使命を有する業種」における中小企業でなければならないとされていた。中でも、さらに振興の対象とすべきは「高能率の中小企業」――換言すれば、政府の政策によって発展可能性のポテンシャルの高い中小企業群――でなければならなかった。そして、その業種ということでは、政策担当者のなかでは繊維産業が強く意識されていたといってよい。

つまり、必要不可欠な衣料などの国内の需要を満たしつつ、さらに輸出面で日本経済の復興に大きな役割を果たし得る繊維産業をいかに振興するか、そのなかで中心を占める中小企業の生産、経営面での近代化＝高能率化をいかに短期間のうちに進めさせるか、である。これは後に「構造改善政策」と呼ばれることになる。つぎに、繊維産業における構造改善をめぐる中小企業政策のあり方を取り上げておこう。

中小企業と構造改善

戦後の経済復興において、外貨獲得や国内雇用創出の面できわめて大きな役割を果たしてきた繊維産業といえども、その後の途上国の追い上げや円高傾向のなかで転換を迫られつつあった。そのため、通産省を中心として政府は繊維産業の構造改善を強く推すことになった。

だが、第一章ですでに取り上げたように、日本の主要輸出先であった米国との間で繊維輸出をめぐる貿易摩擦問題が起こり、それまでの積極的な輸出振興という政策目標が見直されるとともに、コストダウンと品質向上を同時達成するという「構造改善」政策のあり方も見直さざるを得なくなった。

このように、貿易摩擦を克服できるような「構造改善政策」(*)が試行錯誤されることになったが、日本の労働コストの上昇に見合った高価格帯商品への移行および、それを支えるデザイン力や技術力といった非価格競争力と、米国製品や欧州製品と拮抗できる価格競争力の向上が新たなる貿易摩擦問題を生み出すというジレンマもあった。貿易をめぐる経済と外交の二律背反的な課題が、その後も日米間あるいは日欧間の貿易摩擦問題を次々と引き起こしたことを考えると、輸出産業をめぐる経済外交問題は繊維産業において先駆的に顕在化していたといえよう。

＊構造改善の定義については、たとえば、繊維工業審議会専門委員会第一ワーキンググループ『報告書』(昭和五八〔一九八三〕年六月三〇日)は、「構造改善とは産業構造、即ち産業における労働、資本などの生産要素の分布状況を望ましい状態に変革していくことを意味するが、ふつうは多義的に用いられている場合が多い。これが構造改善問題を議論するに当って、議論を混乱させる一因となっている」と前置きしたうえで、用語としての意味を①「最広義の概念で、繊維事業者が単独で、あるいは共同して、内外環境の変化に対応して自主的に対策を講ずること」、②「広義の概念で第一の意味での構造改善を行うに当って繊維事業者の自主的な努力に委ねていたのでは時間的にタイミングを失する、あるいは内容において不十分なものになり、繊維産業の健全な発展のため、好ましくないという判断に立って、政府が政策的な助成措置とることにより、積極的にそれを促進する政策を意味する」、③「狭義の概念で、構造改善とは、政府が繊維に関する特別立法をもって特に助成する対策を意味する」。

繊維製品をめぐる日米間の「摩擦」の経緯を振り返っておこう。

最初、米国政府が昭和四五〔一九七〇〕年一月二日、日本の繊維製品の対米自主規制を求めるトリガー価格方式――ダンピング提訴のための基準価格設定――を盛り込んだ強硬案を提示し、日米間の繊維貿易不均衡を改善しようとした。

これを受けて、通産大臣は、繊維産業審議会と産業構造審議会に対し、繊維産業事業における構造改善について、答申を求めた。

以前から日本側にも、米国側の強硬で一方的な外交路線を危惧し、わが国の繊維産業の今後のあり方を探ろうという動きはあった。たとえば、そのおよそ五年前の昭和四〇〔一九六五〕年一二月一五日に、椎名悦三郎通産大臣は繊維工業審議会と産業構造審議会に対して、「繊維工業の構造改善のための方策はいかにあるべきか」という諮問を行い、今後の対応策について具体的な答申を求めた。

両審議会は椎名通産大臣からの諮問を受け、翌年九月二〇日に特定紡績業と特定織布業について、二年後の昭和四三［一九六八］年八月二一日に特定染織業とメリヤス製造業についてそれぞれ答申を行った。その数年後に再度、わが国の繊維産業のあるべき姿について、通産大臣が両審議会に答申を求めたことは、この間の構造改善事業が必ずしも所期の目的を達していないという認識があったといってよい。

米国側から前述の強硬案が示された年の一二月八日、繊維工業審議会と産業構造審議会繊維部会の第一回合同体制小委員会で、委員長の稲葉秀三（一九〇七～九六）――戦前は東大卒業後に企画院、戦後は片山内閣で経済安定本部官房次長、産経新聞社長をつとめる――は、「過去三年余の構造改善事業の進捗の状況と深刻化する内外の環境の変化を十分に吟味し、中小企業対策の試金石として広く国民の注視を浴びている本事業が成功裡に所期の目的を達成するために、今何が必要であるかという観点からつぶさに検討した」と結論づけた内容の答申を行った。

この答申では、繊維産業における構造改善事業の基本的な目標を「（繊維産業を―引用者注）旧態依然たる単純労働集約的産業から脱皮させ、国際競争力を備えた近代的な産業として再生させること」を確認した上で、国内外の経済環境変化が「当初予想された以上に急激」であったがゆえに、所期の目標が必ずしも達成されなかったという分析内容がまず示された。ここでいう国内外の急激な経済環境変化とはつぎのようなものとされた。

（一）発展途上国の急激な追い上げと輸入消費比率（輸入浸透率）の上昇

(二)特恵関税制度による発展途上国の優遇措置の国際的合意の成立
(三)わが国の労働コストの著しい上昇
(四)合織物への需要増加傾向

では、こうした環境変化の下で所期の政策目的――構造改善――はどのような結末となったのであろうか。答申では、織布業では政府の特別助成によって活発な設備投資が行われ、その付加価値額も目標数値を上回り、輸出面でも数量減少のなか金額面はむしろ増加し、一人当たりの物的生産も計画通りに上昇したと評価されている。にもかかわらず、なぜ所期の目的が達成されないと判断されたのか。答申は「織布業の自力による発展を妨げるいくつかの問題」にその原因を求め、つぎのように述べている。

「基本的には昭和四一年においてわれわれが指摘したのと同じく、織布業を営む企業は未だ零細過多性を脱しきれず、生産技術、商品開発の進展も未だしの感が強く、むしろ問題の深刻さは当初改善事業に着手した時点よりも一層増しているともいえる。」

当時、わが国の織布業九一産地のうち、構造改善事業に参加したのは四一産地で、全国生産量のおよそ四分の三であった。典型的な中小企業性業種である織布業での構造改善事業が有効な効果を実際に収めることができるかどうか、まさに、「中小企業総合政策の試金石」であり、「中小企業施策の総決算」とされた。まず、わが国繊維産業のいわゆる「構造的」な問題とは、生産技術や商品開発を行うに足る企業規模に達していない中小企業層の存在であり、とりわけ、家族経営を中心とする零細事業者層の多さとそうした零細事業者を含めた中小企業相互の競争の激しさにあるとされた。

したがって、改善されるべき「構造」とは、繊維産業における「企業の零細過多性」であると解釈されたのである。その後も繊維産業は出荷額等でみるかぎり、成長していたものの、企業の零細過多性という「構造」的問題は依然として解決されていなかった。構造改善のあるべき方向である「生産技術、商品開発の進展」を担うべき一定規模以上の企業層も増加したとはいえないと判断された。

実際の「答申」にははっきりと明示されていなかったが、構造改善政策に期待されていたのは設備の近代化を進めることができる適正規模以上の特定（qualified）の中小企業層の競争力強化であり、そうした基準に達し得ない零細事業者についてはむしろその転廃業を促進していくことであったといってよい。だが、果して自由企業体制の下でそうした「上」――政府――からの構造改革の実施と達成が可能であったのだろうか。

また、米国側は、日本の繊維製品の米国市場でのシェア上昇と米国内業者への圧迫を懸念していたが、日本側では、技術や商品開発面での非価格競争力の改善よりも、むしろ、それまで価格競争力をささえてきた労働工賃の上昇および、生産技術などへの取り組みの遅れによる低生産性からの脱却が不十分であることから、韓国や台湾などの追い上げで、わが国の繊維産業が苦境に立たされることへの危機感のほうが強かったのである。

繊維産業をめぐる日米の認識のギャップはきわめて大きかった。それゆえに、あるいはその結果として、繊維業界の「構造改善事業」への早急な取り組みが通産省などから求められていた。

そもそも、「構造改善事業」において、政策の優先順位としては、設備の過剰解消と近代化の同時達成による国際競争力の向上が目指され、さらに高級品分野への移行による付加価値額の向上――技術や商品の開発が必要であった――への取り組みが急務であるとされていた。

そうした性急な構造改善への取り組みの背景には、アジア諸国などの追い上げとわが国労働コストの高騰への早急な対応という課題があった。中小企業の「自力での対応」として期待されたのは、中小企業間の集約化――企業合併など――による大規模企業の出現と、そうした企業による「規模の経済」の達成であった。「答申」では、これらの点に関して、わが国の「零細過多性」――「過小過多」――という構造――零細業者の広汎な存立――が依然として解消されていないことに「いら立ち」が表出されていた。そうした認識の下で、「答申」は「織布業構造改善事業の今後の方向」をつぎのように示していた。

(一)高付加価値化の一層の進展――「今後は発展途上国との直接の競合を回避するため、量的側面より質的側面を重視し、新しい製織技術をもって創造的な商品をつくり出す努力が必要である」こと。

(二)繊維産業全体の統合化の必要性――「織布段階における高付加価値の努力ばかりではなく、原糸製造、織布、染色、縫製等の各工程の結合を進め、市場情報の的確な把握とそれに基づく適切な消費企画に絞った製造・販売体制を確立すること」。いわゆる、「川上」から「川中」「川下」までを含んだ統合的構造改善であるべきこと。

(三)国際分業体制への対応――「輸入の増大を前提とした国内生産の商品転換と海外投資の秩序ある展開」。低付加価値品について海外生産も含め輸入増を前提として、国内製品はそうした低価格帯と競合しないより上位価格帯の製品へと転換すること。

(四)海外生産の推進――「海外の豊富な労働量の活用を図るため、企業進出の促進を図る必要がある……海外への進出は一面において国内に残る企業との競争の激化を意味するので、構造改善事業の一環として海外進出を図る際には、産地のビジョンとの関連を考慮しつつ行われることが望ましい」こと。

これらの答申内容に基づいて通産省が掲げることになる「構造改善ビジョン」の内容を先取りしておけば、

ビジョンの達成において必要とされ強調されたのは、中小企業者のもつ「企業家精神」の一層の発揮への期待であった。企業家精神への頻繁な言及はそのことを象徴化していた。「答申」は中小企業政策の目的と意義にふれつつ、企業家精神についてはつぎのように説いている。

「中小企業施策が、社会政策とは別体系である経済政策の一環として打ち出され、特別の金融、税制制度が用意されている理由は、いうまでもなく単なる中小企業の経済的脆弱性ではない。日本経済が世界でも稀にみる高度成長をとげた一つの大きな要因は、日本が世界でも稀にみるほどに自由な競争が可能な国であり、企業家精神が開花しうる環境が実現されていた故である。しかもその企業家精神が中小企業においてもっとも典型的なかたちで発揮されたのである。その意味で日本経済の活力の源泉であり、その高度経済を支えたものはまさに中小企業の企業家精神であったということができよう。現在の日本の経済政策のなかにおける中小企業施策の意義は、それがこのような中小企業者の企業家精神を存分に発揮させる環境を整備し、もって日本経済の活力を維持し、その一層の発展を可能ならしめる手段であるという点にある。」

換言すれば、構造改善は本来、「上」——政府主導——からの支援や誘導によって可能なのではなく、ますます厳しくなる輸出環境などの下での「自由な競争」——優勝劣敗競争——で生き残るために、中小企業経営者が「企業家精神」を発揮することが必要であり、したがって、経済政策としての中小企業政策は、企業家精神を発揮できるような企業層を対象とせざるをえないことを——家族経営を中心とする零細自営業層と企業家精神との関係が明らかにされることなく——告げていたのである。

しかしながら、果して、繊維産業における構造改善の難しさ——「過小過多」の状況にある中小零細企業の合併や協同事業などへの取り組みの低調さ――を中小企業者の「企業家精神」の不足に求めることは妥当であったろうか。「中小企業施策にままありがちであった現状維持的な姿勢を捨て去るべき実施され……このような画期的な中小企業施策の試金石として開始された」織布業の構造改善事業は、なぜ「遺憾ながら当初計画のとおりには進捗をみず、特別助成期間の延長を考慮しなければならないことになった」のかという点が、実際には問われていた。

この点については、「答申」はつぎのように説明していた。わたしなりに答申の論点を整理しておこう。

(一)中小企業者の弱者意識と問題解決にあたっての他力本願的な意識――「従来中小企業者は、ともすれば弱者保護の政策に期待をつなぎ、安易に現状維持的な姿勢をとることが少なくなかった」のであって、変化の激しい経済環境下では「まずなによりも企業自身、業界自身の事業」と意識して取り組む姿勢が必要であるにもかかわらず、その意識が低かった。

(二)具体的な産地ごとのビジョンと国費によって助成されていることへの認識不足――構造改善事業の延長は国民に一層大きな責任を負うことになる。

要するに、政府からの助成金によって支えられた構造改善事業であるがゆえに、中小企業者自身の取り組みに真剣さがなかったと分析されたのである。米国との貿易摩擦問題の解決に苦慮していた政府が意識したほどに、中小零細企業の経営者は構造改善の必要性、とりわけ、その緊急性を強く意識していなかったのである。政府、とりわけ通産省の一刻も猶予がならないという構造改善への危機意識と、そのような危機感の希薄な中小零細企業経営者とのギャップは一体何であったろうか。このことは、繊維問題をめぐる外交と内政との間に温度差があったことを示唆している。

構造改善への意識や意欲は、中小企業者自身の自覚と、自ら取り組まなければならないという内発的——企業家精神——なものを前提とする。しかしながら、政府の助成金などをあてにする外発的な恩恵としての意識だけが先行して、取り組みに真剣さがもともとなかったというのである。必然、そのような政策は経済政策ではなく、いずれやがては社会政策的色彩を帯びざるを得ないことを言外に示唆してもいた。

「答申」は、この点を改善させるために、紡績業、織布業、メリヤス業、染織業の繊維四業種を対象とした「特定繊維工業構造改善臨時措置法」が期限満了となる昭和四九〔一九七四〕年六月以降については、構造改善組合に対して集約化効果が期待できる企業グループ——構造改善意識をもった企業層——だけを選別的かつ優先的に助成するとともに、商品開発を一層促すことなどを打ち出さざるを得なかった。要するに、構造改善政策に値する特定企業や特定組合のみを対象とすることで、政策効果＝デモンストレーション的な波及効果に期待が寄せられたのである。

結局のところ、この「答申」の約二年後の昭和四七〔一九七二〕年一〇月二六日に、通産省繊維雑貨局は構造改善政策の初期の目的がなかなか容易に達成されなかったことから、繊維工業審議会と産業構造審議会に対して、「特定繊維工業構造改善臨時措置法」の「廃止」、「延長」、「改正」など「今後の取り扱い」とあるべき所要の措置を諮問して、その具体策を提示するという、さらに一層踏み込んだ内容の「答申」を求めざるを得なかったのである。当時の「答申」からは、なかなか進展しない構造改善事業への通産省関係者のいら立ちが伝わってくる。

具体的な諮問事項では、昭和四六〔一九七一〕年から実施されてきた「対米自主規制(*)」の臨時措置終了後への充分な考慮——対応策——のあり方も諮問されている。すなわち、「この設備買上げ、緊急融資等の措置は基本的には臨時措置であったが、その規模が大きかったため、繊維産業に与えた影響は大きく、かかる対策の評価、影響等につき十分な考察を行うとともに、その後の考え方について検討することが必要である」という課題である。

＊昭和四五［一九七〇］年以降の日米繊維問題など貿易摩擦問題の推移にふれておくと、昭和四五［一九七〇］年一月一九日に、日本繊維産業連盟が結成され、政府に対して対米輸出自主規制問題は調査不十分のままに収拾させないよう要請している。同年一一月九日に、日米繊維交渉が再開したものの、年末には交渉が中断する結果となった。この間、米財務省は日本製テレビ、コンデンサー、板ガラスについてダンピングの疑いありとして、関税評価の差し止めを行った。昭和四六［一九七一］年一月二八日、米国政府は日本製電子部品のフェライトコアにダンピング課税を行い、その後、同様の措置をテレビ、板ガラス、強化板ガラスに適用した。同年三月八日に、日本政府は米国に対して対米繊維輸出規制についての政府間交渉打ち切りを申し入れている。なお、同年六月一七日には沖縄返還協定が調印された。同年六月二一日に、日本繊維産業連盟は輸出量を年率五～六％増に抑える対米繊維輸出自主規制実施要項を決定した。同年七月五日、第三次佐藤改造内閣が発足し、通産大臣に田中角栄が就任した。同年一〇月一五日、田中通産大臣は米大統領特使ケネディと日米繊維協定の了解覚書に仮調印——正式には翌年一月三日に米国ワシントンで調印——した。

さらに考慮すべきとされた諸項目をみると、わが国繊維産業の構造的課題である「低い転換力、抵抗力、低収益性、産地性、輸出依存性、発展途上国との競合性、被害の連鎖性」が克復されたかどうかといった点、それに加え、「知識集約化」への取り組みなどが十分に行われたどうかといった点などであった。

では、通産省自身は構造改善事業の後に選択されるべき政策について、どのような構想をもっていたのであろうか。参考になるのは、通産省生活産業局が発表した『ポスト構革』（昭和四八［一九七三］年八月二三日）で打ち出された方向性の中身である。

この『ポスト構革』において重要視された繊維産業をとりまく諸条件の変化とは、「国際環境」、「発展途上国の急成長」、「先進諸国の保護主義的傾向――対米輸出規制とGATT――」、「通貨調整――一ドル＝三六〇円→二六〇円前後――」、「労働力需給のひっ迫と賃金上昇、ニット化率、既製服化率、合繊化率、長繊維化率」、「高級化・多様化・個性化の高まり」、「インテリア用や産業用など非衣料分野の登場」、「輸出の伸び悩みと輸入の急増」などであった。

このうち、「発展途上国の急成長」ということでは、生活産業局が示した「繊維製品の輸入消費比率（重量ベース）」の上昇傾向が重視された。具体的には、繊維製品の輸入比率は昭和三七〔一九六二〕年の〇・三％から昭和四七〔一九七二〕年の九・三％へと上昇していることが報告された。だが、多くの繊維企業にとって頭の痛い経営課題とは、それまでの労働コストの上昇に加え、急展開しつつあった対米自主規制と通貨調整の影響であった。

こうした環境変化への対応として、通産省などは、生産流通構造においてつぎのような諸点を考察対象として掲げた。

① 小零細性・企業過多性
② 工程間の分断
③ 流通経路の迂回性
④ 前近代的な取引慣行
⑤ 市況に左右される産業
⑥ 上流偏重・量産偏重
⑦ 消費者情報のフィードバック機能の弱さ

⑧　ロスの発生
⑨　産地性

今回もまた繊維産業における企業規模の零細性、企業数の過多性が課題のトップにリストアップされたのである。だが、①から④のような戦前来の構造問題は果たして短期間に解消・解決が可能なのかどうか。同文書において、克服すべき目標（ビジョン）は実質的にはつぎの二つであったといってよい。

（一）繊維業界が多様化・高級化に対応して内需の拡大をはかること
（二）国際分業体制への対応――経済協力、特恵関税供与、貿易の拡大に対応すること

同文書は「ビジョンの達成は、業界がまず自主的に努力することが基本であるが、……現実のわが国繊維産業は、内外環境変化への適応力にとぼしい」なかで、今後のあるべき方向の鍵をにぎるのは、従来の「労働集約」型から「知識集約」型への転換、生産・流通体制の合理化・近代化の達成、国際協調型への転換であるとし、その具体的方策として、さらにつぎの八項目が挙げられた。

（一）知識集約化の推進――情報機能強化のための協同事業、商品開発の強化のための協同事業、商品生産機能の強化のための協同事業、商品流通機能の強化のための協同事業など
（二）業種間工程間などの有機的連携の推進
（三）情報収集処理体制の整備――繊維工業改善事業協会に情報センターを附置する
（四）技術開発・技術指導の推進――産地組合の技術指導に対し事業経費の一部補助を行うこと
（五）取引改善の推進――中小企業の原材料の共同購入、商品の共同販売等への融資債務保証を行う
（六）品種（事業）転換の推進

（七）海外投資の推進と秩序維持

（八）繊維原料の安定確保の推進

ここでも、まずは業界自身の自主的取組みの必要性が強調された。実際、こうした項目はいずれも繊維業界が取り組むべき課題としてかなり以前から指摘されながら、政府主導の構造改善事業によって必ずしも所期の効果を挙げることができなかった課題であった。その原因は、前述の「答申」にもあったように、構造改善へ自発的に真剣に取り組もうという中小企業者側の危機意識の希薄さに加え、国任せという依存心の強さ――企業家精神の欠如――があったのも事実であろう。もちろん、これらの点は繊維産業の関係者の間で認識されていた。

しかしながら、政府の長期低利資金や税制面での優遇措置の下では、構造改善とは極端にいえば設備近代化だけを目指すものとしてとらえられ、商品開発など知識集約化については、必ずしも中小企業者の間で共通認識があったわけではなかった。

知識集約化のためには、市場に関する情報収集力や、素材や縫製技術に関する研究開発力などの強化が不可欠であったが、それらの課題はあくまで自発的な取組みによる先行的利益と独占的利益の獲得という大きなインセンティブがあるからこそ、個別企業が内発的かつ自主的に対応しようとするのである。それらの個別企業活動を協同で行うという課題設定そのものに大きな制約と限界があった。それは、取引改善やより効率的な工程間分業のための協同的取組みとはそもそも次元の異なる課題であった。当時の地方自治体で繊維関係の調査を担当していたわたし自身の経験からしても、非価格競争力を高めるための組合的取組みで成功を収めていた事例はさほど多くなかった印象を受けていた。

また、中小企業者間の共通認識ということでは、一定規模以上の企業では高付加価値化＝知識集約化ととらえられたが、構造改善の対象となった中小企業のほとんどは下請型の零細業者——家内工業——であって、自らデザイナーを抱えたり、あるいは専属デザイナーなどと委託契約を行っているところは稀有であり、家族経営という「柔軟」で「無理の効く」やり方で賃金コストをできるだけ低く抑えることで、製造コストの有利性を確保しようという意識が依然としてきわめて強かったのである。

また、グループ化については、親企業——親織——と下請企業——出織——の連携強化を資本系列の制約を超えて、企業集団というかたちで実行するにはそもそも無理があった。ましてや下請企業間の協力関係の構築は事実上困難であった。

こうしたなかで、通産省生活産業局は昭和四八［一九七三］年九月一日に前掲『ポスト構革』の内容を踏襲した『新繊維産業構造改善対策』を打ち出した。

その後の繊維工業審議会の動きにふれておくと、昭和五一［一九七六］年に、年二回程度しか開催されなかった総合部会に代わって、政策小委員会が設けられ、月に一〜二回の頻度で開催され、より具体的な政策が検討されるようになった。さらに政策小委員会の下に専門委員会が設置された。

この専門委員会には、「繊維産業の構造的諸問題について、できるだけ専門的立場から、調査、分析して政策小委員会に報告するとともに、長期的視点に立ちつつ、繊維産業の転換期にふさわしい整合性のとれた目標、手段および手順について具体的、具象的な案を作成して政策小委員会に報告する」という役割が与えられた。具体的な検討対象については、「昭和四八［一九七三］年一〇月の繊維工業審議会の答申の趣旨を基本として」という文書で、つぎの四項目を調査検討するものとされた。

（一）「需要の動向、国際競争力の評価、産地の特性、企業形態、国際分業その他の事情を考慮した今後の供給構造のビジョン」
（二）「知識集約化のための構造改善の具体的なあり方」
（三）「設備問題に関する客観的評価と対応策のあり方」
（四）「業界及び政府のとるべき方策」

専門委員会の委員たち――学識経験者など――は昭和五一［一九七六］年七月に化繊、紡績、羊紡績、撚糸、綿織物、タオル、麻、ニット、靴下、染色、毛織物、縫製などの業界組合に対して現地ヒアリング調査――業界関係者への聞き取り調査――を実施している。また、「今後の繊維産業の知識集約化の方向の中心となることが期待されている」アパレルの今後のあり方の検討については、特にワーキンググループが設けられた。

専門委員会での中心的議題は、化合繊や紡績などの業界の設備過剰問題――三割過剰ともいわれた――の是正をいかに速やかにはかるか、また、昭和四八［一九七三］年以降に顕著となった韓国、台湾、香港、中国からの輸入増へいかに対応するかにあった。そのために、新しい構造改善策としての「知識集約化」――非価格競争力の強化――への取組みが再度強調されたのである。

つまり、わが国繊維産業の課題とは、繊維業界内の「過小過多」構造の改善については転廃業を促し、設備の近代化による生産性上昇と高付加価値化、さらには知識集約化を推進することであり、それには中小企業だけではなく、大企業も含めた業界全体としての取り組みが必要とされた。そして、近代化のためのガイドラインを設定して、業界にその達成を促すことが必要であるとされたのである。

こうしたガイドラインと実際の政策実施状況については、業界側、たとえば、日本化学繊維協会などは現行——当時——の構造改善制度に関して、つぎのような改善提案を行っていた。

(一)中小企業への金融助成制度の一層の充実化——大企業の子会社なども中小企業振興事業団からの融資を受けることができるよう措置すること。中小企業振興事業団での地方自治体負担の免除。設備リース資金の制限緩和など。

(二)川上・川中を含めたグループとしての取組みへの助成——現行の中小企業中心ではなく、大企業も含めた全企業を対象とした供給体制を考慮すること。

(三)取引改善対策の必要性——大型小売店の商品仕入れ段階における、返品・値引き・支払いなどの「前近代的」取引＝不公正取引を是正・排除すること。

(四)転廃業の促進——転廃業資金融資制度、促進税制の採用、離職者対策の拡充を図ること。

また、合織部門については、通産省生活産業局は昭和五二［一九七七］年九月に「合織産業に係る減産指導」を打ち出すことになった。その背景と理由についてはつぎのように説明された。

「合織産業は、①長期にわたる内需の不振、②韓国、台湾の急速な追上げ、米国の輸出攻勢による激しい国際競争（合織の数量ベース輸出比率約六〇％）等の要因から、久しく低迷状態を続けてきたが、昨年末から今年の初めにかけての市況の急落で大幅な採算割れの事態に追い込まれるに至った。その後合織各社は、自主操短の強化による市況の回復を図ったが、五月の一部中堅商社の倒産に端を発する連鎖倒産の影響による繊維取引全般の委縮、実需の引締りもあって、はかばかしい回復を示すに至らず、加えて七月以降の円高の定着化に伴い、先行き、輸出の減退、輸出向け商品の国内市場への転嫁が予想され、国内需給の混乱と市況の一層の悪化等極めて深刻な事態を招くことが憂慮されるに至った。」

当時、合織業界の実態は、不況カルテルの下でも市況面での回復はほとんど見られていなかった。たとえば、合織七社の品種ごとの自主操業短縮は二〇%ほどであって、昭和五二［一九七七］年の企業収益は、上半期の経常欠損額で一五〇円億円を超えると予想されていた。そうしたなかでの不況カルテルの結成にもかかわらず、市況回復が困難であった理由は、①生産品種が多く、輸出比率——輸出依存度——も異なること、②同じ繊維業界といっても、実際には合織以外の繊維部門や非繊維部門の比重が異なること、③設備停止の相互監視に業者側からの根強い抵抗があること、などがあった。

各社の自主的操短による減産には、各社それぞれの思惑もあり、実際上、困難であるため、通産省は、現状の下で、ナイロンフィラメント、ポリエステルフィラメント、ポリエステルステープル、アクリルステープルの減産状況を昭和五二［一九七七］年一〇月から三ヵ月にわたって報告させている。生産量の上限に基づいて、運転停止設備の状況を把握し、工場ごとに運転停止を指導しようとしたのである。

この減産指導の対象となった企業は、帝人、東レ、クラレ、東洋紡績、旭化成工業、ユニチカ、三菱レイヨン、ソルーナ、鐘紡、鐘淵化学工業、日本エクスラン工業、東邦ベスロン、日本エステル、東洋紡ベッドコード、カネボウアクリルの一五社に上った(*)。

*昭和五二［一九七七］年九月三日の総合経済対策の一環であった構造不況業種対策の対象業界は繊維だけではなく、塩化ビニル、段ボール原紙、アルミ圧延製品なども対象となっていた。

また、通商省生活産業局は、昭和五二［一九七七］年一〇月には、「産地振興対策について——産地に活力を——」を発表し、産地のなかには不況の影響がきわめて厳しい地域があるとして、産地——当時、年間生産額が約五億円以上の産地は全国で三二六あり、そのうち一一八が繊維産地であった——を対象とする「総合政策」の必要性を訴えた。

生活産業局は「疲弊し又はその恐れのある産地の立直り」を図るために、①産地産業の転廃業——ここでも事業者数の減少が強調されている——、②産地の残存事業者の体質強化をめざした構造改善の推進、③産地地域の生産力の減少を補うために新規の発展可能性が高い業種の立地の促進、④関連事業者、特に中小企業への摩擦の緩和、などの対策が必要であるとした。

具体的には、産地組合における「産地振興ビジョン(＊)」作成費への補助金、産地管轄の府県市町村への「産地振興計画」作成への補助金の措置がとられ、産地組合への指導としては、たとえば、繊維についてみれば、繊維工業構造改善事業協会の産地振興指導員が具体的に産地組合に対して「指導」を行うものとされた。

＊この種の産業振興ビジョンについては、わたし自身も一九八〇年代にその作成に従事した経験をもつが、業種間、あるいは同一業種でも企業間で問題意識と対応に温度差があり、熱心に取り組む組合もあれば、お役所任せ的な対応に終始するところもあった。概して見れば相当な危機感をもって自主的に取り組んだ関係者は、それぞれの業績や設備稼働率などの思惑と駆け引きもあり、正直にいって、さほど多くなかったような印象もあった。

産地への新規異業種企業の立地促進についても補助金が用意され、また、経営が困難となった企業には低利のつなぎ運転資金の提供が行われた。さらに産地地域のうち誘導地域に属する地域に関しては、特別誘導地域への工業再配置促進補助金の倍額交付などの措置もとられた。

こうした一連の措置の前提には、構造改善事業こそが繊維業の国際競争力の改善・強化に繋がるとする共通認識があったものの、当時、合同政策小委員会において業界や通産省関係者の間で交わされた議論では、業種間や企業間の利害関係の複雑さによって、構造改善事業を実施に移すことの困難な状況がもっぱら問題視され、構造改善事業が一体いつまで継続されれば具体的な効果が出るのかという点をめぐって、委員の間で激しい意見交換が交わされていた。

結局のところ、そうした議論は構造改善事業のさらなる五年間の継続という、先送り論に終始することになっていった。要するに、構造改善事業への助成措置が業界自身の自己負担ではなく、税金という国民負担で行われる限りにおいては、業界は制度としての構造改善事業そのものに反対しなかったのである。

なお、アパレル――衣服など――については、繊維工業審議会のアパレル部会が昭和五三［一九七八］年九月四日に「当面のアパレル産業振興策」（報告）を出した。

「報告書」はアパレル業界の今後に関して、「昭和五一年一二月の繊維工業審議会の提言においても指摘されていたように、たゆまぬ自助努力により、その知識集約化を目指した構造改善を推進していくことが必要であるが、併せて最終消費者に最も近く位置するアパレル産業の振興を図っていくことがきわめて重要な課題である」と結論づけていた。

「報告書」は「このような観点から、……アパレル産業の振興策について、より具体的に検討審議を行う機関を設置するとともに、政府に委員会を設け、早急に調査検討に着手することを要請した」と前置きしたうえで、アパレル産業の抱える問題と取り組むべき課題をつぎのように整理している。

（一）人材育成の推進――「実務知識を十分備えた的確な教師の不足、適切なカリキュラムの不備、十分な教育を行っていく上で教育技法等に関するノウハウの不足、更には資金面での困難」を改善すること。

（二）情報の収集・提供機能の充実――昭和四九［一九七四］年繊維工業改善事業協会に繊維情報センターが設置されたが、「個別商品企画に直接結びつく色彩の強い情報については、個々の企業が自主的に収集・活用すべきものであり、……他方、消費者の嗜好動向、消費需要構造といった基礎的かつ共通の情報については、特にアパレル産業の大多数が中小企業であって、個々の企業においては情報の十分な収集・分析が図られ難いといったこともあり、業界全体として」取り組むべきこと。

（三）生産・流通の近代化・合理化——生産面では「一部企業において具体化しているマーキング及びグレーディング工程へのコンピュータの導入については、共同活用を積極的に考慮していくことが望ましい」こと。また、物流システムについては、製品のハンガー輸送システムの採用といった近代化・合理化の方向も検討されるべきこと。

さらに、繊維工業審議会と産業構造審議会は、翼下の政策小委員会などでの議論やアパレル業界などの振興課題を踏まえた上で、昭和五二〔一九七八〕年一一月一七日に『今後の繊維産業の構造改善のあり方』（答申案）をまとめた。

「答申案」では、「発展途上国の追い上げ」、「先進国の保護主義台頭」、「国内需要の変化」の下で「知識集約化」を打ち出した前回答申『七〇年代の繊維産業政策のあり方について』（昭和四八〔一九七三〕年一〇月）以降の繊維産業を取り巻く経済環境の変化について、①円相場の高騰、②生産の停滞、市況の低迷、大幅な設備過剰、企業収益の大幅低下、③近隣諸国の繊維産業との競合関係の高まりなどの問題点が挙げられた。両審議会は前回答申を踏襲しつつ今後のあるべき基本的方向については再度「知識集約化」であるとして、つぎの四つの課題を指摘して、結局のところ、構造改善制度の「五年程度」の延長もやむなしと結論づけた。

（一）知識集約化——「高級化・多様化・個性化する需要に即応しうる体制」を早急に確立すること。

（二）「繊維産業の知識集約を推進する上でアパレル産業の発展が焦眉の急であること」の確認。

（三）知識集約化のための産元と生産企業との協調・連携、合理的取引慣行の確立による「生産・流通部門間の協調的発展」が必要であること。

（四）過剰設備の処理、企業の集約化により過剰供給・過当競争体質を是正すべきこと。

二番目のアパレル産業について、「答申案」は「戦後の衣服の工業生産化、既製服化の進展の中で、昭和四〇年代初めにようやく近代産業としての形を整えるに至ったばかりであり、欧米のアパレル産業と比べて、商品企画、生産、販売などの各機能を通じて未だ十分成熟していない段階にある。特に、このような歴史の浅さに伴う人材の蓄積の遅れ等が、結果として、アパレル産業における情報収集・分析、商品企画、生産・販売・在庫管理といった知識集約的活動機能の未成熟さをもたらしている」と解決すべき課題を提示した。

三番目の点に関しては、日本の特徴とされた工程間分業という構造の下では、とりわけ、生産部門と流通部門の協調が十分に行われなかったことが構造改善事業を推進させる上での制約になってきたとしたうえで、両者の協調体制をいかにうまく発展させるのかが構造改善事業の今後の成否のカギを握るとされた。

具体的には、産元＝商社、あるいは製造卸と生産者＝中小零細企業との間で情報収集を効率的にすすめ、重要な情報を商品企画などの面ですばやく生かすための、企業間の協調・連携が極めて重要であることが強調された。また、製品の返品率の高さや手形サイトの長さ、書面ではなく口頭による取引慣行を是正することも指摘された。

四番目の点である過剰供給――過剰生産――による過当競争体質はそれまでも何度も指摘されてきた。業界全体の過剰設備とそのための生産過剰が、市況の低迷、低収益、不安定な経営をもたらしてきたことは業界や行政の共通認識でもあったはずである。

それでもなお、なぜ是正・解決できないのか。これに対して、通産省は事業者の自主的な過剰設備の処理、企業の集約化――転廃業を当然ながら含め――を一層求めた。場合によっては、他の繊維部門や繊維以外の事業分野への思い切った事業転換が推奨された。

しかし、従来の提言で示された措置は成功したとは言い難かったのである。この理由をわたしなりに実態的に考えてみれば、それぞれの経営者の自社の所有意識への強いこだわりがあったのである。中小零細企業者が同業者と合併を進めるためには、自社への所有意識を変革する必要がある。だが、自社を売却することへの抵抗感、そのような事業意識と次世代――子供世代など――への継承意識などに強いものがあったのである。

必然、繊維業界の事業者たちは、自律的――自発的――な解決ではなく、助成金や低利資金、税制上の特典が期待できる他律的でより痛みの少ない解決策に期待した。このことが悪循環を生み、自らの利害に抵触しない範囲での他律的解決を求めることで問題を先送りし、とりあえず事業の存続を図るというメンタリティーを定着させることにつながっていくことになったのではないだろうか。前述の「答申案」は政府の関与についてつぎのように指摘する。

「構造改善事業の進捗がはかばかしくない上に円高、長期不況等の影響をうけて企業体力も著しく低下していること、また、今後も内外情勢は格段に厳しさを増すと予想されていること等から、繊維事業者の自主的努力のみによって繊維産業が今後短期間のうちに現在の事態を克服し、新たな安定と発展を遂げていくことは困難であると考えられ、さらに構造改善を実現し得なかった場合に生ずることが予想される社会的・経済的な摩擦と損失の大きさをも考慮すれば、政府に因る各般の支援措置が必要である。」

つまり、経済環境の急激かつ大きな変化の下では繊維業界の自主的努力だけでは問題解決がすでに困難となってきているため、政府の支援が必要であることが明示されつつ、業界全体にとって構造改善が引き続き自らも主体的に取り組むことが必要であるとされたのである。そのための鍵を握るのが「知識集約化」であるとした点は、前回の「答申」とほとんど同様であった。

だが、単に従来のように「情報収集機能、商品企画機能、生産機能及び販売機能」などの機能を結合したグループ化だけではなく、「産元、親機を含む」グループ化もまた、知識集約化を推進するにふさわしいグループのあるべき姿として認めるべきであるとされた。すなわち、中小企業だけではなく、中堅企業や大企業の構造改善事業への積極的な参加もまた検討されるべきとされたのである。要するに、構造改善事業は繊維業界全体として取り組むべきことが再確認された。

さらにこの答申から五年後である。通産大臣は昭和五七〔一九八二〕年六月に繊維工業審議会と産業構造審議会に対して、わが国繊維産業の今後の発展方向についての答申を再び要請した。両審議会は一年五ヵ月の長期にわたって審議を重ねることになる。繊維工業審議会総合部会長の稲葉秀三――当時、(財)産業研究所理事長――は、昭和五八〔一九八三〕年一〇月三一日付の「所感」で審議過程を振り返り、わが国繊維産業の今後の方向についてつぎのように述べている。

「新しい産業秩序への脱皮の苦しみを味わっているのは繊維産業だけではなく、基礎素材産業をはじめ日本の発展を支えた多くの産業が、高度成長の終焉に伴い厳しい産業調整を余儀なくされ苦しんでおります。……繊維業界に考えて頂きたいと思う点は、業界に依然として、甘えの構造、行政に依存しがちな体質が色濃く残っているのではないかということです。これまで繊維産業に対しては、手厚い施策が講じられてきたにもかかわらず、業界自体の積極的な取り組みが不足してきたことは否めません。今後とも、こうした不十分な対応を繰り返すことは、繊維産業に対する政策的支援、さらには産業としての将来についても国民の理解を得ることが極めて困難になるだろうこと、また、今後の厳しい時代は、自ら主体的に取り組み、徹底した自助努力なくしては乗り切れるものではないことを十分御認識頂き、こうした対応の改善に努めるようお願いしたいと思います。」

稲葉は繊維業界の「甘えの体質」[＊]について、業界に対してだけではなく、「こうした体質を助長し、あるいは温存してきた」政府の取り組みや施策の運用へ苦言を呈し、反省することを求めたのである。そのうえで、業界における一層の自主的かつ真剣な取り組みが強調された。

＊甘え――「甘え」という政策用語はないが、昭和四六［一九七一］年に刊行された精神科医土井健郎（一九二〇～二〇〇九）が日本人論として著した『甘えの構造』がベストセラーとなったことから、日本社会の構造を解く鍵用語として「甘えの構造」や「甘えの体質」がよく登場した。親子関係のように、親に依存するような体質がさまざまな社会領域に擬制化されているとみなされたのである。

また、設備登録制については、稲葉は「事業者の自由な競争や新しい企業活力を制限することとなる現状固定的な制度」が果たして業界全体にとって適切なものであるのかどうかを問い、設備登録制度が業者にややもすれば政府から「保護されている」錯覚を与え、「業界全体の変革への対応力」に関わる活力を喪失させたのではないかと示唆した。稲葉は最後に「所感」をつぎのように結んでいる。

「五一年提言において、すでにこのような問題意識から業界の方々も入ったうえで、（設備登録制度の――引用者注）廃止の方向に進もうという合意がなされたのではないでしょうか。しかしながら、……本日の答申の段階においても、業界ではいまだに論議の十分な浸透がなされていないという状況でありますので、この登録制に関する具体的結論については、やむをえず継続審議と致した次弟であります。しかし、あくまでも継続審議であり、たな上げではありません……私の個人的希望としては、来年には繊維法も延長されて、新しい繊維産業発展の五年間が始まるのでありますから、この問題についても決着がついた形でスタートさせることができればと思っております。したがって、登録制を実施している業界におかれましては、早急に、真に繊維産業の発展を期すにはどう対処するべきか、真剣かつ広範な検討をなされるよう強く希望いたします。」

稲葉委員長が「所感」で言及した『本日の答申』において、繊維産業の構造改善とはあくまでも業者たち自らが自主的かつ積極的に取り組むべき課題であり、政府はあくまでもそれを補完する立場にあることが強調され、「できるだけ早期にこの延長を停止すべき」と提言された。にもかかわらず、「設備登録制については「業界関係者で真剣かつ広範な検討が早急に行われることを期待」することで、結局のところ先送りされたのである。

この登録制度が目指した過剰設備の廃棄に向けての取り組みは、昭和三一〔一九五六〕年以来の構造不況対策、その後の対米繊維輸出規制などにかかわる予算措置——中小企業事業団の融資制度を含む——の下で、繊維業界にとっては既得権となっていたのである。そうした予算は本来ならば高付加価値製品の開発という先進国型繊維産業への脱皮、あるいは転売業のために使われるべきであったのではないだろうか。皮肉にも、政府の政策が事業転換への危機意識を萎えさせた側面がなかったとはいえないのである。稲葉委員長の前述の「所感」はこの点をきわめて率直に批判したことになる。

ここで既得権といったのは、当時、登録制度の下での共同設備廃棄が生み出したといっても差し支えない収賄事件があったからである。その具体例は「撚糸工連事件」であった。この収賄事件では、昭和五七〔一九八二〕年七月から昭和六〇〔一九八五〕年八月にかけて、日本撚糸工業組合連合会（撚糸工連）の過剰仮撚機の共同廃棄事業計画に対して、中小企業事業団から廃棄機械の買上げ資金を受けることができるよう、中小企業庁の担当者――局長を含む――が同連合会の幹部から多額の飲食接待を受けていたことが判明し、関係者が逮捕される事態となった。当時の新聞記事の多くが、通産省の行政指導名目の「構造汚職」としてこの事件を大きく報道した。

この収賄事件の背景には、業界組合が組合員の登録設備の一定数を買い上げて共同廃棄する場合にそれ相応の資金が必要であり、中小企業事業団などからの低利資金の導入なしに独自に行うことが困難であった事情があった。設備登録制度については、綿スフ織物、絹人絹織物、毛織物、麻織物、タオル、細幅織物、組紐、丸編靴下、メリヤス生地、網レース、撚糸の業界で採用されていた。なかにはすでに三〇年間以上にわたって登録制度を実施してきた組合もあり、審議会では、そうした業界委員からは制度の廃止が業界の秩序を混乱させるという主張が繰り返されていた。

すでに述べたように、繊維工業審議会・産業構造審議会繊維部会の合同部会は審議の時間切れというかたちで統一見解を出せず、登録制度の是非を先送りしてきた。他方、中小企業安定審議会はとりあえず向こう一年間にかぎり登録制度の延長を決定した。制度の延長をめぐっては日本綿スフ織物工業組合連合会（綿工連）も強い反対運動を展開していた。先に紹介した撚糸工連事件は、既得権化した業界と通産省の構造的関係を表面化させたともいえよう。

当時、通産省の黒田真生活産業局長が『答申』が発表される前に登録制度の廃止を示唆していたにもかかわらず、『答申』を受け、設備廃棄事業を廃止ではなくむしろ継続させたのは、中曽根首相が円高不況対策を打ち出し、繊維産地に対して従来の制度を廃止することが困難とみた「政治判断」もあったと思われる。政治的決着として、撚糸工連事件は、指導する側の政府と指導される側の業界の構造的癒着――そうであれば制度を廃止すればよい――とは見られず、あくまでも通産省内の管理体制の不備ととらえられたのである。結果、管理体制の改善というかたちで登録制度が継続――先送り――された。

「中小企業団体法」(*)に基づく登録制度と設備共同廃棄(**)の関係については、審議会のなかに設けられた専門部会でもその是非をめぐってかなりの時間が費やされ、その問題点が明らかにされていた。たとえば、「村区分」――繊維産業における業種別区分――の廃止などはその一例であった。村区分とは、当時、一年間という期間に限定して実施されていた綿スフ織物、絹人絹織物、毛織物、麻織物などの業種区分＝「村」ごとに設備登録が行われ、その「村」ごとに設備の使用が制限されていた。だが、実際にはそうした使用制限が遵守されていない実態があったのである。

＊具体的には「中小企業団体法」の第一七条（通産大臣許可の下で商工組合による調整規定）、第五六・五七条（通産大臣によるアウトサイダー命令）、第五八条（通産大臣による設備制限規則と新増設の禁止命令）で、繊維産業については、昭和二九［一九五四］年に既述の綿スフ織物、絹人絹織物に適用されて以来、他の繊維業種に拡大してきた。他業種では昭和三六［一九六一］年に金属洋食器と昭和二九［一九五四］年にマッチ（昭和五五［一九八〇］年に廃止）に適用された。

＊＊設備共同廃棄事業は中小企業事業団の「高度化」制度の下で運用されていた。設備共同廃棄は当初転廃業対策として進められていたが、昭和五二［一九七七］年以降、政府の不況対策として事業縮小のケースにも適用されるようになっていた。

専門部会は、業種区分＝村ごとに登録制度による使用制限を設けても実際には遵守されていない現状を問題視するとともに、登録制度の安易な延長につながる村区分自体が廃止されてもやむを得ないという議論を展開させていた。重要なのは村ごと＝業種ごとの取り決めではなく、個別企業が自らの判断で設置した織機について、市場競争のなかでそれを活用するか、あるいは廃棄するかを自己責任において判断することであったのである。実際のところ、政府が関与して、個別企業の経営状況を判断して調整することなどは困難であった。また、有名無実化していたアウトサイダー——未登録設備の使用者——への規制も撤廃すべきとする意見もあった。

これらの問題は審議会だけではなく、自民党内でも長谷川四郎議員を委員長とする繊維対策特別委員会の下で、武藤嘉文議員を座長とする「六人委員会」が設けられ、自民党としての考え方をまとめる作業も行われていた。日本繊維新聞は六人委員会での取り組みなどをめぐる状況を、繊維対策特別委員会の初代委員長を務め、当時、衆議院議長であった福田一の発言を紹介してつぎのように伝えている（昭和五八［一九八二］年八月一一日付）。

「登録制維持で大同団結した業界団体の懸命な陳情にもかかわらず、むしろ冷淡な党側のムードは、業界首脳を大いに困惑させている。さる八日に関係工連十団体が行った福田一衆院議長に対する陳情の結果は、国家に対して甘い期待を持っていた業界幹部に、冷水を浴びせた格好となった。……陳情を受けた同議長は『業界の主張の内容は理解している。しかし私の考えは違う。（登録制が廃止されるべきだということとは）大分以前から出ていた問題だ。いまや時代は変わりつつあり、議長といえどもこの大きな流れは如何ともしがたい』という意味の見解を述べ、臨席した業界首脳を驚かせた。

さらに同議長は、『国際化、自由化の世の中で、いつまでも設備統制でもないだろう。それに代わるものを業界自ら考えるべきだった。それを検討してこないで、ただ廃止反対というのはどうか。皆さんが困る、苦しいというのもわかる。混乱もあるだろう。しかし、世の中は甘いものではないし、……』と語り、『客観情勢』の厳しさを強調したという。……『これまで繊維業界の面倒を見てきたが、必ずしも打って一丸ではなかったし、足の引っ張り合いが続いてきたではないか』という意味のことを述べ、業界の体質を厳しく批判した。」

とはいえ、福田一衆院議長や通産省生活産業局、あるいは審議会の中立委員などが示唆した設備登録制度の廃止は、業界関係者の強い反対運動——反対署名運動——と自民党内の次期総選挙での敗退を恐れる声によってかき消され、さらに五年間の延長が決定されることになる。当時の繊維をめぐる政治状況はそのようなものであった。

すでにふれたように、設備登録制度＝過剰設備共同廃棄による需給調整は、業界によっては三〇年間も継続されてきたにもかかわらず、達成されなかったのである。この事実は、旧式の織機だけが廃棄される一方で、未登録のいわゆるヤミ織機が実際には存在していたことに加え、登録権の転売などがあったことを物語っていた。審議会などでもしばしば指摘されたこのような状況は、むしろ設備登録制度の導入自体が生み出したものではなかったのだろうか。

結局のところ、通産省は、設備登録制度を延長させながら、今後の繊維産業のあり方に関しては、「ビジョン」として構造改善事業による高付加価値化などの達成を示し、先進国型産業への脱皮という『答申』方向を強調するにとどまった。朝日新聞の当時の社説はこうした方向のもつ問題点を的確に指摘していたといってよい。参考までにつぎに紹介しておこう（昭和五八［一九八三］年一一月一日付）。

「こうした答申の基本的な考え方に異論はない。問題は具体的な取り組み方だ。成否はひとえに繊維事業者および業界自らの並々ならぬ決断と努力にかかっている、と答申は明言している。その通りである。努力しないものは転廃業しかない。政府の役割は、事業者、業界の構造改善に向けての自主的努力を補完し、側面から支援すること……だが、構造改善の遅れは、業界の努力不足のせいだけではない。長年にわたる繊維産業への政府の手厚い施策が、業界の甘えの体質を助長し、温存させてきた面も否定できない。

政府の指導強化が、かえって業界の努力を怠らせるような結果になってはならない。政府はその点に十分に留意すべきである。審議の過程で大きな論点となった設備登録制については、結論を出せず継続審議となった。アウトサイダーに対しても設備制限を強いる制度を既存権ととらえる多くの業界が、廃止に反対したからだ。……だが、設備制限はもともと緊急措置のはずである。それが業種によっては三十年近くも続けられてきたことに問題がある。

設備をなくすという本来の目的は、ほとんど達成されていない。設備規則を長年続ける一方、不況のさい共同廃棄によって設備が買い上げられるという期待感から、登録織機にプレミアムがつくありさまである。設備規制に安住する姿勢が近代化、体質改善をおくらせている、といわざるを得ない。

登録制廃止の方針は、七年前の繊維工業審議会の提言に明記されたところである。それが今日までまったく前進がみられなかったのは、通産省にも責任の一端がある。答申にもあるように、両審議会は廃止の方向に沿って早急に決断を出すべきだ。これは、繊維産業が先進国型産業として発展するために、避けて通れない課題である。」

この記事は「政府の指導強化が、かえって業界の努力を怠らせるような結果になってはならない」とされてきたにもかかわらず、「長年にわたる繊維産業への政府の手厚い施策が、業界の甘えの体質を助長し、温存させてきた面も否定できない」ことを主張した。甘えの体質が「事業者、業界の構造改善に向けての自主的努力」への取り組みを遅らせたとされたのである。要するに、通産省の政策は、繊維産業の構造改善を進めたのではなく、むしろそれを阻害するという逆効果の政策であったと批判されたのである。

高付加価値化などで先進国型産業への脱皮を達成する、という答申の結論については、繊維産業が目指す方向性としてだれしも異論のないものであった。だが、設備登録制のさまざまな弊害を抱えつつ、先進国型の高付加価値産業をめざす「繊維工業構造改善臨時措置法」の延長をめぐっては、衆議院商工委員会でもその是非がさまざまに論議された。昭和五九［一九八四］年三月二八日に開催された同委員会には、繊維工業審議会で専門委員として大きな役割を果たした滝澤菊太郎――当時、名古屋大学経済学部教授――のほかに、業界関係者も招聘された。日本社会党の水田稔委員は滝澤教授に構造改善事業そのものの意義についてつぎのような質問を行った（『第一〇一回国会衆議院商工委員会議録』第五号）。

「昭和四二年に特定繊維工業改善臨時措置法、今と内容は違いますけれども、それからずっと引き続いてですから、きょうまで大体十六年間やってきておるわけです。……それでもなおかつ構造改善が思ったように進まなかったのは、一体、この法律が有効に機能しておれば相当程度の構造改善が進んでおったのではないかと思われるのですが、先生の方でごらんになって、これは法律のいわゆる事業内容というものが的確に今の国際環境の変化に対応できるだけのものがなかったのか、あるいは先生もちょっとおっしゃいましたけれども、業界の対応に不十分な点もあった……」

これに対して、滝澤教授は石油ショックなどの事態によって、「繊維業者の方々が目先のことにおわれてしまいまして、構造改善に本腰を入れて取り組む余力がなかったことが一つの理由として挙げられる……（中略）部分的にではございますが、現在徐々にその構造改善の実績が上げられているということも事実でございます」と応じている。他方、同席した業界関係者は構造改善事業の問題点は制度の弾力的運用がなされなかったことに加え、ＭＦＡ(*)を発動しなかったことに原因があると主張した。

＊ＭＦＡ（Multi-Fiber Arrangement）――安価な繊維製品が急激に輸入国に流れ込むことを規制するための「多国間繊維取り決め」である。

繊維業界側の主張は、つまり、設備登録制度によって過剰設備を共同廃棄して需給調整を図ることで中小企業の収益改善を行い、より付加価値の高い製品などの研究開発を行うことが求められたとしても、他方でＭＦＡを発動しなければ、一層安価な製品などが日本市場に輸入されることになり、過剰設備廃棄の効果は実体的には減殺されることになるというものであり、この主張は業界側の一貫したものであったといってよい。

他方、通産省にとってみれば、日本の望ましい産業構造とは機械のような加工組立産業の一層の発展であり、輸送用機器や電気機器の分野で先進諸国との貿易摩擦も問題化しつつあったなかで、日本が自由貿易を主張するためには、繊維製品に対してＭＦＡを先行的に発動することは経済外交上で困難であるという認識があった。

中小企業政策の限界

一般に政策には、その実施可能性からして、三つの対象領域と政策論理がある。象徴的にいえば、一つめは「タテ」の領域、二つめは「ヨコ」の領域、三つめは「タテ」と「ヨコ」が組み合わされた領域である。「タテ」の政策領域とは「垂直政策」的な論理を伴い、産業政策がこれを代表する。「ヨコ」の論理とは「水平政策」的な論理を伴い、中小企業政策がその典型である。これらに対して「タテ」と「ヨコ」の領域とは、どのような産業であろうと、あるいは、どのような規模の経済主体であろうと、政策対象となりえるもので、財政政策や金融政策などのマクロ経済政策全般が含まれる。

こうした政策論理の文脈からいえば、中小企業政策は農業政策などとは大きく異なってきたといってよい。つまり、農業政策というのは農業という産業分野を対象とする意味において、明確な対象領域と政策対象上の選考性をもつ。他方、中小企業政策は個別産業分野を対象とすることが実際上、困難なのである。そこには、商業もあれば、サービス業もあり、工業もある。さらに商業といっても、小売商業もあれば卸売業もある。さらに消費財もあれば、資本財の分野もある。サービス業も同様で、事業所サービスもあれば、個人サービス、金融サービスの分野もある。工業に至っては、繊維や雑貨もあれば、金属や機械もある。国内需要を主とする分野もあれば、輸出依存度の高い分野もある。中小企業政策の複雑性はまさにそこにある。

本来、政策はその対象とする個別の社会層によって規定されることからすれば、農業政策は農業を対象にした政策の総称であり、中小企業政策とは中小企業を対象とした政策の総称である。この意味では、農業政策は農業を対象としており、農作物単位が政策対象となりうる。他方、中小企業政策は中小企業を対象とするものの、取り扱い分野からすれば商業、サービス業、工業が対象となり、またさらに個別分野の一定規模以下の事業体を対象とせざるをえないがゆえに、現実の政策実行における対象はきわめて複雑な選抜性と利害関係性をもつ。

中小企業政策が、日本のみならず多くの諸国において、政治的メッセージが強い割には現実の具体的な政策の実施において農業政策の後塵を拝してきたのはまさにこの点に起因する。象徴的にいえば、中小企業政策は広く薄くということになる。タテとヨコの交差領域に農業分野は容易にその位置を確保することができるが、中小企業はそうした交差領域から抜け落ちる中小企業層が広汎に存在するのである。それゆえに、各国の中小企業政策史が示唆するように、中小企業政策は複雑な政治性を帯びてきた。

ここで日本の中小企業政策の流れを振り返ってみておくと、まず吉野信次（一八八八～一九七一）から岸信介（一八九六～一九八七）という旧商工官僚人脈にみられる政策思想の大きな流れがある。先にみた望月圭介から田中角栄という政策思想に対する、吉野から岸という政策思想である。先のタテとヨコの関係という視点からとらえておくと、吉野信次から岸信介へと流れるわが国の中小企業政策思想は、タテとヨコの交差領域に属する中小企業を対象にして政策を実施するという考え方である。

当時、上からの近代化が志向された重工業部門とは別に、下からの近代化を達成する潜在性をもった軽工業部門が戦略的産業分野として選択され、そうした工業分野で工業組合を結成させ、もっぱら組合を通じて企業——結果として中小企業であったが——を支援するような制度が導入されていった。

吉野らにとっての政策目標とは、商業者も含む商工組合制度においては工業者が生産性の向上などに取り組むことがかならずしも容易ではなかったため、工業分野を商業者から切り離し工業組合として独立させ、工業者における生産過程の機械化＝近代化を通じて製品の品質と価格競争力を向上させ、日本の輸出を増進させることであった。中小工業の生産過程の機械化＝近代化が重要視されたのである。

とはいえ、当時の商工省ではそうした戦略的産業すべてを対象とする予算的措置は困難であり、必然、日本の輸出に貢献し得る産業分野に限定された。こうした戦前型の中小企業政策思想は、ある意味で、明治の商工官僚・前田正名の『興業意見』以来の輸出振興志向を継承してきたともいえよう。（＊）

＊詳細はつぎの拙著を参照。寺岡寛『中小企業と政策構想』信山社、二〇〇三年。前田正名の政策構想については、つぎの拙著を参照。寺岡寛『中小企業の政策学―豊かな中小企業像を求めて―』信山社、二〇〇五年。

タテとヨコの交差領域が大きく広がり、タテの周辺分野まで取り込んで、そこにヨコの論理をあてはめ、交差領域が一気に拡大し始めるのは、戦後復興が終わって高度成長期に入ってからであった。さらに、地域政策というもう一つの政策論理軸を加え、政策領域を拡大させていったのが、本書の第一部で戦後の日本政治を象徴する政治家として取り上げた田中角栄であった。

戦前の望月圭介などの時代にあっては、地域・産業・中小企業振興の交差領域はきわめて限定されていた。それゆえに、個人的な資産に依拠するような名望家政治家の論理が働きうる余地がまだあった。

それが、戦後において吉田茂から岸信介にいたる政権下で軽軍備国家体制による経済政策重視の政治が実行された結果、政策対象の拡大が可能となった。さらに田中角栄は高度経済成長による大きな政府の成立の下で、産業政策、中小企業政策、地域政策に関わる利害調整について利益配分を行うことによって政策を実行するシステムを作り出していった。しかしながら、この種の政策の無制限な拡大は、やがて分け合うべき経済規模というパイそのものの成長が小さくなるにしたがって困難となっていくことは必定なのである。

中小企業政策に関しても、やがて「田中型」から、小さな政府と市場経済下で自己責任を唱える「小泉型」へと転じざるをえなくなってきた。ところで、田中の番記者であった馬弓良彦は『戦場の田中角栄』で、官僚政治を批判する田中角栄の肉声をつぎのように紹介している。

「新人の代議士が遊びに来ると、君は予算書を読んで中味がわかるか、と聞く。まずわからない。わからないように書いてあるんだ。しかし、予算書がわかり出しても、それだけではダメだ、予算書を逆さにして読めと言ってやる。予算書で、これはいいことだ、と書いてあったら、それは悪いことだと。

課長補佐が起案する。課長がハンを捺し、局長のところへ持ってくる。局長はわからない案でもそのままハンを捺す。大臣はなおわからないが、閣議で報告する。こんなことで本当に政治ができるか。官僚が案を作るまでは政治が動かない。こんなことをやっているから、ダメなんだ。」

馬弓は、これを田中の「痛烈な官僚政治批判」であると指摘する。そうであるとすれば、一体、日本の官僚たちはどのような利益の誘導をどのように試みてきたのであろうか。それは彼らの所属する省庁の利益、いわゆる省益ということになるのだろうか。

先にふれた利益配分とはただ単にさまざまな経済主体すべてを対象とした分配ではない。官僚たちとその属する機関——天下り先である実質上の役所の子会社・関係会社的な組織——もまたそこに関わっていたことは自明である。では、省益はどのような利益を代表してきたのだろうか。財務省——大蔵省——、経済産業省——通産省——、農林水産省、厚生労働省などは一体どのような省益を政策や制度を通じて守ろうとしてきたのだろうか。

省益ということでは、それぞれの省から国会に官僚出身議員という形で自省の利益代弁者を送っている。

通産省――経済産業省――出身の国会議員、大蔵省――財務省――出身の国会議員、建設省――国土交通省――出身の国会議員などは、それぞれの所管行政の族議員として、出身母体の政策を支持することになる。むろん、法人としての企業も同じである。企業の場合、企業そのものが経済主体としての人格をもつとしても、企業が何らかの思考を通じて意思決定を行うというよりも、現実には経営層の意向が大きく作用する。それぞれの省の出身議員が自身の機関と利害関係をもつ利益共同体を代弁することで、関係企業や関係団体からのさまざまなかたちでの政治資金をあつめてきたことはよく知られている。

この点に関して、政治記者であった岩見隆夫は『田中角栄―政治の天才―』で、大蔵省出身の「官僚出身型」政治家の大平正芳が記者団との懇談で思わずもらした、「非官僚出身型」政治家の田中角栄のカネ集めについてのことばをつぎのように紹介している。

「私たちはまあマネー・レシービングなんだが、田中君の場合はマネー・メーキングということでしてね。そこのところが違う。私もエスタブリッシュメントのはしくれということになりますか……」

岩見は大平のこの指摘を「本音がでているといえるだろう。財界主流と太いパイプが通じていて自動的に資金が入ってくる受領型と、そうでないニセガネづくりに奔走し、危ない橋も渡らなければならない自己調達型の違いを指摘したのであって、前者だけが統治階級としての資格を持つ、と大平は言いたかった」と解釈してみせる。もっとも、その後の田中角栄の軌跡は、建設族議員などを通したマネー・レシービングの構造を巧みに省益に反映させてつくりあげていくことになる。

さて、ここで改めて繊維構造改善政策を中小企業政策という視点から振り返っておくと、繊維産業の構造改善の期間を延長してまで継続させた政策的イデオロギーとは、構造改善制度の下で個別企業とその属する産業を高付加価値企業＝高付加価値産業＝先進国産業へと脱皮させることにあった。

わが国の産業、とりわけ、家電や自動車など機械・金属系分野の発展と比べて、取り残された感があった繊維産業は、途上国の追い上げ、円高による国際競争力の急速な低下に苦しんでいた。繊維産業は高度成長から安定成長への移行という経済環境の下で、国内市場についても消費需要の急速な変化に対応することが迫られていた。必然、繊維産業にとって構造改善事業こそが生き残りへの取り組み――いわば特効薬――とされた。前述の『今後の繊維産業の構造改善のあり方』もこの課題について、最後につぎのように指摘している。

「我々は、先進的な技術、優れた販売力等を基礎として、関係者の努力により、産業全体の質的変革が達成されるならば、我が国繊維産業は国際的にも確固たる地位を占めていることが可能であると確信する。新しい時代には、新しい対応が必要である。高度成長経済の終焉と国際環境条件の変化の中で、今や我が国経済全体が新たな均衡成長の道を模索しており、繊維産業のみならず諸種の産業が困難な状況に立ち至っている。我々は、過去のそれぞれの時代のそれぞれの要請に他の産業に先駆けて対応してきた繊維産業が、その栄光と伝統の上に再びその創造性と活力を発揮し、他の不況産業に先駆けて新たな道を切り開いていくことを強く期待する。」

結局のところ、構造改善は中小企業を実質対象とする産業政策であっても、企業規模の別なく、産地のなかで混在する零細企業――家族経営層――、中小企業、中堅企業、大企業、商社と生産者などを一括して政策対象とせざるを得なかった。また、中小企業の低収益性や経営の不安定性を解消するために、過剰設備＝過剰生産という状況を改善させることが必要とされ、政府も需給調整による市況回復のために業者に設備廃棄の自主的取り組みを促したものの、大きな成果はみられなかった。このために、通産省は政府主導の過剰設備廃棄をさらに強く打ち出すことになった。だが、これとても業種や業態の異なる事業者間で利害関係が複雑に交錯して、期待通りの効果が上がったとは言い難かったのである。

構造改善がなかなか進展しなかった最大の理由は設備登録制度であったことはすでに何度も述べた。通産省はわが国の繊維産業が途上国の追い上げや円高下の苦境のなかで抜本的な対策の必要性を訴え、設備登録制度の廃止の方向を実際のところは強く望んでいたのである。

日本繊維新聞は、衆議院商工委員会で、自民党の奥田幹生議員が今後のわが国繊維産業のあり方に関して質問した際の、山中通産大臣の答弁について、「繊維産業の政策を中小企業政策から脱皮させ、産業政策として確立させる」ものとしてとらえ、つぎのように紹介している（昭和五八［一九八三］年五月一九日付）。

「過去数年間にわたり製品輸入の増大、国内業界の国際競争力の相対的低下などによる〝逆貿易摩擦〟の深刻化のなかで、後追い救済的な中小企業対策の一環として展開されてきた繊維政策への反省をふまえ、国際化の進展、市場開放の一層の拡大を前提とした新たな繊維振興策を産業政策として確立すべき……」

だが、その後の繊維産業の推移についてみれば、繊維産業振興策は国際化の進展に対応した産業政策として果して一定の効果を上げたのであろうか。この点は昭和六〇年代以降も引き続き論議を呼ぶことになるのである。昭和四二［一九六七］年の「繊維工業構造改善臨時措置法」は、臨時措置法とはいうものの何度も延長され、実際のところ、最終的な廃止期限であった昭和五九［一九八四］年六月末の時点においても廃止されなかった。

結局のところ、同措置法は「繊維工業の先進国型産業への転換の鍵を握る技術力の強化を図るため、繊維工業構造改善事業協会の業務として技術指導員育成事業並びに新技術の開発及び導入を促進するための調査研究及びその成果の普及の事業を追加する」ために、昭和五九〔一九八四〕年四月に延長法案が国会を通過し、五月から公布・施行され、さらに五年間延長された。

こうしたなかで、通産省はさらなる延長による新「繊維産業政策」の概要を発表した。通産省はその狙いを「異業種連携グループによる、新商品・新技術の開発を中心とする構造改善事業を引き続き積極的に推進」することに加え、「近年における多品種少量短サイクル化の急速な進展への対応を図る見地から、中小企業事業融資について設備リース事業に係る融資額の限度（設備リース枠）を現行の商品開発センター等に係る融資額の二倍から三倍に拡大」することとし、国税・地方税における優遇税制措置の導入をはかったのである。

他方、長年にわたり懸案となっていた設備調整については、前述の撚糸工連事件のこともあり、通産省生活産業局は昭和六一〔一九八六〕年五月に「繊維産業の設備調整対策について」を発表し、つぎのような方向が打ち出されることになった。

(一)設備共同廃棄事業——円高の経済環境の下で中小企業円高対策の一環として同事業を活用する動きに呼応して、現行制度を一旦廃止し、新たな「限時的な制度」として再検討していくこと。

(二)設備登録制の存続——中小企業政策審議会において、存続の場合には監視体制の強化も含め、検討していくこと。

本来、設備投資とは製造業における個別企業の競争力の中核をなすべき経営行為である。必然、その時期と規模は経営者が下す最重要判断の一つである。それを、業界が一致して設備を共同廃棄して需給ギャップを解消し、市況の回復を目指し、個別企業の収益向上をはかろうとするのである。政府がそうしたカルテル行為を容認したのは、戦後復興期の限られた経営資源の下で、優先されるべき産業の復興へ必要資源をふり分けるためのある種の非常手段であった。

にもかかわらず、この非常手段が常時手段として継続されたのはなぜか。それはいわゆる「構造」不況の下、繊維のように中小零細企業が一定地域に集中立地しているような産地型産業では、優勝劣敗競争による倒産の著増と産業規模の縮小が地域の雇用に甚大な影響を与えることが懸念されたためであった。

そもそも、「構造」不況といわれたのは、繊維製品という付加価値の低い分野では、経営のあり方を容易に変革できないという共通的暗黙知があったからである。実際、中小零細工業を支えた低賃金は上昇が続き、従来の労働集約的生産方法の維持が困難になったという判断があった。そのため、生産性向上を機械化によってはかることが「近代化」政策に等値され、業界全体の生産性を引き上げるには、低生産性を克服できない企業の転廃業が促進される必要があった。

しかしながら、設備登録制や共同廃棄事業がかえって生産性の低い業者を温存させることになり、本来なら他の分野へと転換させる時機を先延ばしさせた。その結果、自らの創意工夫によって転換を早期に行おうという機運を摘み取ったことはあまりにも皮肉であった。政策がその所期の目的とはまったく正反対の結果を引き寄せたのである。

一方、近代化＝機械化による生産力の向上は製品価格を一層不安定なものとさせ、高付加価値化という新たな近代化理念＝政策的イデオロギーの登場を必要とするようになっていた。事実、繊維産業における近代化政策はそのような経緯を辿ることになる。

審議会や専門部会では、とりわけ、中立委員といわれる学識経験者や通産官僚などから、補助金漬けの業界体質が維持されることで近代化を阻害する構造が何ら是正されず、むしろそうした構造がさらに定着する危惧が繰り返し表明されていた。

結果的には、政府補助金による需給調整対策＝設備共同廃棄事業は「臨時かつ緊急の転廃業対策に限定される」とされたものの、業界を代表する委員や産地を選挙区にもつ議員などから「業界秩序の混乱」という「政治的判断」によってかき消されていくことになる。通産省生活産業局は昭和六一〔一九八六〕年七月二八日付の「繊維産業の設備調整対策の見直し」で現行制度の問題点をつぎの四点に集約して指摘している。業界体質のあり方として確認しておこう。

(一)産地主義の欠如——「繊維産業は極めて産地性が強いにもかかわらず、産地主義（産地組合を中心とする転廃業の促進）の性格が明確ではない。

(二)業種別・産地別ビジョンの不明確さ——「適正な業種別、産地別ビジョンを作成し、当該ビジョンにおいて設備共同廃棄事業の的確な位置付けを担保する制度になっていない。」

(三)構造改善事業の実施についての業界内の連帯意識の不十分さ——「残存者と買上対象者との間で、業界の構造改善へむけての共同事業であるとの認識が不十分である。」

(四)構造改善事業の実施体制、監視体制の不十分さ——「実施計画の策定（対象者、対象設備の具体的確定、買い上げ価格の設定）、対象設備の事前確認、破砕の確認等について万全といえる体制になっていない。」

通産省側からみた「今後の設備共同廃棄事業のあり方」については、こうした諸問題をできるだけ早期に是正することが意図された。すなわち、①産地主義の導入と浸透、②適正な業種別・産地別ビジョンの策定、③残存者負担の導入、④設備買上げ価格の厳格化、⑤実施体制・監視体制の改善といった点である。通産省生活産業局と中小企業庁はこれらの点を踏まえて、昭和六一［一九八六］年一二月一七日に実施体制を発表した。それによって、買上げ価格については簿価の三倍、業界負担としては一〇％分を残存者が負担すること、産地調整・産地構造調整ビジョン策定の義務化をはかること、ただし、昭和六〇年から事業を継続している繊維七業種については経過措置が取られることとなった。

現実にそうした政策が効果を及ぼしたのかどうかであるが、まずは、それをどのように判断するのかが問われなければならない。では、繊維工業改善政策に関しては、所期の目的が達成されたかの判断基準は何なのか。一つには、繊維産業に関わる深刻な問題として繰り返し指摘されてきた「過小過多」――中小零細業者という企業規模の小さな業者があまりにも多すぎること――という業界構造が果たして是正されたのかどうか、である。

この場合、合併を通じて中小零細企業の数が減少し、平均企業規模が上昇すれば、ある程度の成果があったと解釈される。実際の統計数字からみてみると、通産省『工業統計表』によれば、繊維工業、衣服・その他繊維製品製造業においては、つぎのような結果となった。比較期間は昭和五五［一九八〇］年から昭和六〇［一九八五］年の五年間の比較である。まず、繊維製品である。

（一）事業所数――三九、七四一→三五、四一〇（一〇・九％減少）

（二）従業者数――六九一、〇一八人→六〇九、〇九四人（一一・九％減少）

（三）一事業所当たり従業者数――一七・三人→一七・二人（ほとんど増減なし、むしろ零細性はやや強まっ

た感があった）

（四）製造品出荷額等――約七兆七、八一一億円→八兆八七〇億円（三・九%増）

（五）付加価値額――二兆七、九七七億円→三兆一〇二億円（七・六%増）

つぎに、衣服・その他繊維製品製造業については、

（一）事業所数――二八、二八九→三〇、七六〇（八・七%増）

（二）従業者数――四九八、二八二人→五四〇、〇一五人（八・四%増）

（三）一事業所当たり従業者数――一七・六人→一七・六人（増減なし）

（四）製造品出荷額等――約二兆九、〇二九億円→三兆六、五四四億円（二五・九%増）

（五）付加価値額――一兆三、一九五億円→一兆七、〇二五億円（二九・〇%増）

これらの統計数字は従業員四人以上の企業が対象となっている。しかし、繊維産業では事業所数の半分強が四人未満の事業所であり、従業者数で全体の一〇%強、出荷額では四%弱を占めている。こうした四人未満の零細業者を考慮にいれると、すくなくとも企業規模の過小問題は解決したようには思われないのである。

要するに、何度にもわたって、通産省が繊維産業のあるべき方向を諮問せざるをえなかったのは、雇用などからみた産業規模が縮小し衰退化の傾向にありつつも、出荷額などでは依然としてわが国製造業のなかで大きな位置を占めていたがゆえに、大きな政治力をもつ存在であったからにほかならない。このことは先にみた統計数字にも現れていた。ここで、わが国製造業全体に占める繊維産業の推移を統計的に再確認しておこう（通産省『工業統計表』による）。

〈事業所数の比重変化（％）〉

	一九五五年	一九六五年	一九七五年	一九八五年
全　体	二〇・四	二二・四	二一・四	一九・〇
繊維工業	一七・〇	一七・九	一五・五	一二・二
衣服・その他	三・四	四・五	五・九	六・八
化学繊維工業	—	—	—	—

〈従業者数の比重変化（％）〉

	一九五五年	一九六五年	一九七五年	一九八五年
全　体	二三・〇	一七・三	一四・一	一一・六
繊維工業	一九・二	一三・四	八・八	六・二
衣服・その他	二・五	三・一	四・七	五・〇
化学繊維工業	一・二	〇・八	〇・六	〇・三

〈製造品出荷額の比重変化（％）〉

	一九五五年	一九六五年	一九七五年	一九八五年
全　体	一九・一	一一・七	七・四	五・〇
繊維工業	一六・二	八・八	五・一	三・一
衣服・その他	一・三	一・五	一・七	一・四
化学繊維工業	一・七	一・四	〇・六	〇・四

〈付加価値額の比重変化（%）〉

	一九五五年	一九六五年	一九七五年	一九八五年
全　体	一七・〇	一一・四	七・九	五・八
繊維工業	一三・六	八・〇	五・三	三・五
衣服・その他	一・二	一・六	二・二	一・九
化学繊維工業	二・二	一・八	〇・四	〇・三

繊維産業全体でみれば、事業所数や事業者数は減少傾向にあるものの、昭和六〇〔一九八五〕年でも製造業全体のそれぞれ五分の一と一〇分の一を占めていた。ただし、製造品出荷額と付加価値額では相対的比重が年を追って大きく減少していた。

昭和六〇年当時、市場規模では紳士・婦人子供用、寝具、布団など衣料・家庭用が全体の五五%、タイヤコード、網、袋・放送用材料、フェルトなど産業用が三五%、カーペットや家具などインテリア用が一一%であった。

繊維についてみれば、一事業者当たりの規模は変わらず、製造品出荷額も緩やかな増加にとどまっていたが、付加価値額についてみれば増加傾向にあった。

他方、衣服・その他繊維製品についてみれば、事業所数・従業者数ともに増加し、製造品出荷額や付加価値額も繊維と比べ大きく伸びていた。つまり、川上・川下もすでに停滞傾向にあるものの、川下部門のアパレルは拡大傾向にあった。ただし、そうしたアパレルにおいても一事業所当たりの規模はほとんど変わらず、中小零細企業の存立には大きな変化がみられなかった。

そうしたわが国繊維産業の今後――当時、企図された――の発展方向については、通産省の「ビジョン」なども示唆していたように、国内のアパレル市場での発展――内需の拡大――に大きな期待が寄せられていた。この背景には、日米繊維摩擦以来のわが国繊維製品の輸出自主規制の継続もあった。

ところで、通産省生活産業局は、昭和六〇〔一九八五〕年一二月末に期限切れとなった日米繊維取極の改訂交渉について新取極が締結されたことを発表している。日米間の協定の詳しい文言は今後、外交ルートで詰めていくものとされたものの、その合意内容に関してはつぎのように日本側に説明された。

(一)協定期間――昭和六一〔一九八六〕年一月一日から四年間とする。
(二)対象品目――綿、毛、化合繊製品とする。
(三)規制方法――①グループ規制（アパレル、ノン・アパレル、化合繊糸）、②個別品目規制――三六品目の個別数量規制とする。
(四)VISA取極（第三国原産製品が日本原産と偽って米国へ輸入されるケースを防止するため、日本産である旨のスタンプをインボイスに捺印する制度）――繊維取極全体とは切り離し昭和六二〔一九八七〕年から絹・麻製品を対象として発効させる。

日米間の繊維外交が進展していくなかで、通産省生活産業局は昭和六二〔一九八七〕年一一月に繊維工業審議会に対して「今後の繊維産業及びその施策のあり方いかん」を諮問している。生活産業局はこの年の前半に繊維製品が入超――数量ベース――となったことを重視し、国内市場でのアパレル分野の拡大に期待していた。

そして、繊維産業全体として「実需直結型、多品種少量型の供給体制を確立し……自ら進んで積極的に新しいライフスタイルの提案を行い、生活文化の創造を行う生活文化型産業に脱皮していく」ための方策を探ることを求めたのである。

要するに、通産省は輸出に頼ることなく、新しいライフスタイルをアパレル分野で提案することで国内市場を掘り起こすことのできる「生活文化産業」としてのアパレル業界の発展を期待したのである。

前回と同様に、そのための具体案などの検討にあたっては専門部会委員会が設けられ、この委員会の下に、七つのワーキンググループ――作業部会――が設けられた。具体的には、つぎのような体制となった。

第一ワーキンググループ――構造改善
第二ワーキンググループ――産業調整
第三ワーキンググループ――需給見通し
第四ワーキンググループ――通商問題
第五ワーキンググループ――技術・情報・事業協会
第六ワーキンググループ――アパレル産業・ファッション化
第七ワーキンググループ――流通

こうしたワーキンググループと並行して、欧米諸国――英国、米国、フランス、イタリア、西ドイツ――やアジア諸国――韓国、中国、香港、タイ、インドネシア――への「海外繊維産業事情調査団」の派遣、国内業界団体へのヒアリング調査が行われ、繊維工業審議会の主要委員のなかから七名が選ばれ、具体策を盛り込む中間とりまとめを意識した「七賢人委員会」が設けられた。そして、繊維工業審議会・産業構造審議会の合同政策小委員会は、昭和六三［一九八八］年五月に『今後の繊維産業のあり方（中間とりまとめ）』を発表している。中間とりまとめの主張の内容は、その第二章「我が国繊維産業の進むべき道」の目次構成に象徴的に表れているのでつぎに紹介しておこう。

一、我が国繊維産業の進むべき将来的課題

(一)環境変化に対応した繊維産業の構造調整

①需要の多品種・少量・短サイクルに対応する実需対応型供給体制の確立

②環境変化に適応した垂直連携による構造改善の継続

③産業調整対策

④産地の活性化と産地の構造改善のための基盤整備

(二)繊維産業及び地域におけるファッション化への対応

①繊維産業のファッション化への対応の必要性

②ファッション化への意義

③世界のファッション振興への貢献

(三)技術革新と情報化への対応

①技術開発の積極的推進

②情報化への対応

③情報化基盤の整備

(四)繊維流通業の課題

①繊維流通業の役割と課題

②商品企画・システムオルガナイザー機能の強化

二、繊維産業の生活文化提案型産業への発展

①衣料、インテリアを通じた新たなライフスタイルの提案

②内需拡大への対応

③地域活性化への担い手としての繊維産業

この目次構成に盛り込まれた内容を検討すると、いずれもそれまでの「繊維産業ビジョン」の焼き直しであり、従来の産業構造改善の継続であったといってよい。その理由づけも、業界全体に途上国からの追い上げと円高という「環境変化への対応」、さらには「ファッション化への対応」、「技術革新と情報化への対応」が必要とされ、そのためには「繊維流通業においての商品企画・システムオルガナイザーとしての機能強化」が焦眉の急とされたのである。

むろん、そうした構造改善は昭和四九〔一九七四〕年以来ずっと行われてきたはずである。この点については、『中間とりまとめ』も取り上げ、「これまでの一五年間において一応の成果が挙げられてきた。これまでの方針及び構造改善の理念については、実需対応型供給体制と決して矛盾するものではなく、現在においても、実需対応型供給体制の一方策として基本的に評価できるものであるが、環境条件の変化は新たな実需対応型供給体制の構築を迫っており、この観点から見れば現行法に基づく構造改善事業が、現下の状況の下で不十分である点については改善していく必要がある」と評価を下した。

『中間とりまとめ』は、従来からその早急な実現が必要とされつつも現実には多くの困難をともなった「設備調整」＝「登録制」についても取り上げている。すなわち、昭和三〇年代のわが国繊維産業の国際競

争力にふれ、設備規制が効果を収めたものの、その後の発展途上国の追い上げによる輸入品の急増時代には、「過剰設備を発生させるような設備投資が行われる状況はなくなってきており、設備登録制を実施する意義について再検討する必要がある。……登録制があるだけで生き残れるというものではなく、かかる環境変化に対する生き残り策を検討する必要がある」と指摘した。

同時に、従来のような近代化＝機械化＝登録制という三位一体による需給調整といったハード面だけではなく、「人材育成、商品開発、情報収集等ソフト面の強化を図ることにより自主的な商品企画機能を強化することが重要」とみて、産地における商品開発センターを活性化して産地全体のソフト面の強化を強調した。

しかし実際には、そうしたソフト面は個別企業が自ら対応すべきことであって、産地全体で取り組むには困難があり――繊維リソースセンターのような機関の設立によっても――大きな矛盾を抱えていたのである。この点は、わたし自身も大阪府下のアパレル産業の実態調査を通じて強く実感していたことでもあった。

そして、具体的な方策としては、産地における「めざすべきモデル」を体現したような「リーダー企業」を中心に、中小企業がグループを形成するような「相互補完的連携（リンケージプロダクション・ユニット）」＝異業種連携関係による「新たな構造改善事業」によって、産地全体のファッション化を進める構想が検討されたりしている。だが、実態からすれば、一国一城のオーナー感覚が強い中小零細企業の経営者たちにとって、相互に対等に協力しあってグループ化をすすめることには種々の困難があったのである。

その後の動きを追っておこう。平成元［一九八九］年になり「繊維工業構造改善臨時措置法」の延長が検討され、平成六［一九九四］六月まで「実需対応型供給体制の構築」を目指して延長が決定された。結果、新しい構造改善事業として「実需対応型補完連携――リンケージ・プロダクション・ユニット――」が推奨され、新商品・新技術の開発、設備の近代化、多品種・少量・短サイクル化事業に相応しい生産・経営の規模・方式の適正化に適応するため、高度化融資――税制優遇措置を含む――が引き続き継続されることになった。他方、韓国からのニット製品輸入に関しては韓国側の輸出自主管理措置が行われることになった。

なお、審議会等で甲論乙駁が重ねられてきた綿スフ織物など繊維九業種の設備登録制に関しては、昭和四九［一九七四］年以来途上国へ輸出数量規制を課していたMFA――多国繊維取極――を、GATT――関税貿易一般協定――へ統合するウルグアイラウンド――多国間貿易交渉――が進められるなかで、全廃される経緯を辿る。この決定は業界からの申し出あるいは繊維工業審議会などの結論というよりも、平成二［一九九〇］年以来の日米構造協議の場でわが国独禁法制のあり方が批判されたことによって、なし崩し的に決定された側面が強かった。

結局設備登録制については、綿スフ織物、撚糸、絹人絹織物、毛織物等、麻織物、タオルの六業種については平成七［一九九五］年一〇月末までに段階的に廃止、メリヤス、網レース、リボン等の三業種は平成六［一九九四］年一〇月までに廃止が決定された。通産省は登録制全廃による繊維産地の混乱防止のために低利融資制度の創設を中心とする「繊維産業活性化緊急総合対策」の導入を決めた。

平成四［一九九二］年一二月、渡辺恒三通産大臣は産業構造審議会と繊維工業審議会に対して、平成六［一九九四］年六月に期限切れとなる「繊維工業構造改善臨時措置法」後のわが国繊維産業のあり方について諮問を行った。通産省は日本の繊維産業も「本格的な国際分業の時代に入った」と判断したのである。

円高定着傾向による輸入の継続的増加という状況の下で、日本の製造コストに割高感があるにもかかわらず、「海外との差別化ができていない産地を中心に、輸入品の急増により急速に空洞化しており、この傾向は、設備登録制の廃止や世代交代の本格化をきっかけとして、更に進展するものと予想」されていたためでもあった。他方、期待されてきた川下分野――アパレル――については、国内では製造における空洞化がすすみ、「日本向け製品の生産基地を中国、ＡＳＥＡＮに拡大する等、海外展開が本格化している」実態もあった。

そうした繊維業界を打開する方向として提示されてきたのは、繰り返しになるが、「技術革新の拠点としての我が国繊維産業の国際的位置付けの高まりと技術が開く未来」という「ビジョン」であった。このためには繊維産地全体として技術革新化やファッション化に懸命に取り組む必要があるが、現実には掛け声だけに終わった感があった。

最終的に、両審議会が発表した「中間とりまとめ（骨子）」＝「今後の繊維産業及びその施策の在り方」では、冒頭で「繊維産業全体で、二八〇万人の雇用を創出しており、製造業についてみれば、全体の約一〇％を創出。産地性が強く、地域によっては繊維工業が製造業の約三割の雇用を創出するなど、当該地域経済の核」となっている「我が国繊維産業は、かつての輸出産業時代に形成された大量生産・低価格競争指向の産業構造と国際化に対して消極的な企業行動を、今なお色濃く残している」として、問題点をつぎの三点に整理した。

(一)「リスク分散を旨とした複雑な流通構造」――「流行商品故に売れ残りリスクの軽減はそもそも困難との前提に立ち、川上主導で生産したものを市場に向かって押し出し、不明確な取引慣行、中間流通業者の介在により、売れ残りのリスクを多段階の業種が吸収する無駄の多い流通構造」が依然として存在していること。

(二)「大手企業の系列に基づく生産構造（価格競争を促す構造）」——「元請けは産地外の大企業であり大量生産指向が強い一方、中小企業は下請けであるため、差別化へのインセンティブを持たず、受注量確保のための価格競争に走りやすい生産構造」が依然として存在していること。

(三)「国内に固執する企業行動等」——「世界市場を対象に創造的事業を展開せず国内市場のみを対象にすれば十分とする企業行動。定番的な分野についても、生産拠点の国際展開を、産業の空洞化につながるとしかみない意識」がみられていること。

こうした問題点を改革して、目指すべき方向性は、①「プロダクト・アウトからマーケット・インへの構造改革」、②「クリエーションを育む産業構造の構築」、③「グローバル戦略の確立」であり、そのための繊維産業政策は「市場創造に向けて、ネットワーク型組織により情報化と開発を促進するとともに、フロンティア拡大に向けて、国際展開の円滑化を図ることにより国内拠点と海外拠点を総合的に確立するため、所要の補完的措置を講ずることが必要であり、その際、繊維工業構造改善臨時措置法の在り方も含む検討が必要」とされたのである。

日本繊維新聞は「提言」（平成五〔一九九三〕年五月一六日付）で、「中間とりまとめ」をめぐる業界、政府、学識経験者の意見対立を取り上げ、「不満続出」の結果、日本繊維産業連盟出身の委員からは「途中退出すべき」、「合同会議もボイコットしろ」などの強硬意見も出され、委員会の最終結論が『全会一致』の結論ではなく、「多数決採択」となる可能性を報じている。

同時期に政府に提出された繊維産業連盟の『要望書』は、「先進国の中でわが国のみが繊維品輸入についてMFAの発動による秩序化措置を講じていないという不公平な状況にあり、……このような中で、わが国も市場撹乱的な輸入増大に対してはＭＦＡなどのガットの場で許容されている国際ルールを活用して、速やかにその秩序化を図るべきである。また、ダンピング価格による輸入に対しては、ガットのアンチダンピング規定により公正化を図るべきである」として、繊維輸入規制の必要性についてもふれている。

委員会での業界側委員からの強硬な発言の背景には、繊維業界から政府への輸入規制措置導入の申し入れがあったのである。従来からの懸案であった設備登録制度廃止後の対応策についても、「廃止後は産地における設備の実態把握すら困難となり、諸施策の実施に支障をきたすことが懸念されるので、それにかわる設備届出制などの対応措置を講ずる必要がある」と主張されていた。繊維リソースセンターについては、「情報交換の点でまったく機能せず、維持経費に追われているのが実情である」と厳しい評価が下された。

当時、日本繊維新聞は新『繊維ビジョン』の特集を組み、二〇回以上の連載となった「検証・繊維ビジョン」で、過去二〇年間で三回の延長を経ても、最終的な出口をなかなか見いだせない構造改善事業のあり方を批判的に取り上げている。参考までにその論点をわたしなりに整理しておこう。

(一)構造改善立法の課題――再三にわたる延長にもかかわらず、繊維産業の構造改善の目的が依然として達成されていないこと。その原因としては業界の「甘え」が指摘されている一方で、ＭＦＡが発動されず輸入品の影響を大きく被ってきたことに対する業界側の強い反発があったこと。

(二)実需対応型補完連携（ＬＰＵ、リンケージ・プロダクション・ユニット）の課題――「従来のように工程が分断化していることにより阻止されてきた需要情報の流通をスムーズにするために異業種の垂直連携を進めようとしてきた」ものとは異なり、「異業種垂直連携をしている企業で、機能を相互に補完し合うことにより、企業ごとの特性を伸ばし、グループ全体として情報収集機能、商品企画機能、多品種・少量対応型機能などを向上していこうという」ものであった。だが、承認までの手続きが複雑なため、より弾力的な運用を求める声が強かったこと。中小企業だけではなく、力のある企業＝大企業の参加を求めることも重要であること。「協働組合では認めないリーダー企業の存在も、現実の競争力強化のために企業集団には不可欠だとの認識に改めるべき状況に直面している」こと。

(三)リソースセンター（RC）の課題――「情報を金に換えるのがビジネスであり、産地企業にその機能がなければ、施設や情報があっても役立たないし、人も集まらない。……RC構想がハード先行型だったことも、既設RCの『経営苦』につながっているとはいえないのか。」

(四)登録制とアパレル振興の課題――「登録設備の賦課金が産地組合の財政基盤となっていた……通産省は、設備登録制を繊維産地の組織化のツールとして使用、そして、多くの産地組合が登録制の事務処理機関に甘んじた。業界の自助努力の欠如は批判されるべきだが、行政側にも怠りがなかったと言い切れるだろうか。……最近の通産省のアパレル行政は『ファッション化』に偏り過ぎたきらいがある。アパレル不況とも言われる環境下、いま一度、アパレルの生産・販売体制のあり方を見つめ直す必要があるのではないだろうか。」

(五)ＭＦＡの課題――当時、すでに輸入割合が一定割合を占めていた綿製品ではともかくとして、化合繊の業界からはより積極的なＭＦＡ発動を求める声が強かったのは、輸入割合がその後急速に上昇する可能性が高かったからであった。

二つめのＬＰＵ――リンケージ・プロダクション・ユニット――の点については、佐古田正明（当時、日本繊維産業連盟事務総長代行）が『化繊新聞』（平成五［一九九三］年六月一日）に寄せた「新繊維ビジョンに対する懸念」という論稿に業界側の主張の主旨がよく表れている。佐古田は両審議会が提案したＬＰＵの考え方について、「繊維産業の実体に対する認識が不十分」であり、とくに、「中小企業の水平連携によるＬＰＵを推進してネットワーク型組織を導入しなければならないと結論づけている。こうした単細胞的な正義感では繊維産業の実体を把握できないし、また、構造改善も現実とかけ離れたものになる」と政府の実態認識の「甘さ」を指摘し、「単細胞的な正義感」というきわめて手厳しい言葉で政府の繊維産業政策の行き詰まりを批判した。

この背景には、川上部門の大企業――製造業者や商社――を実質的に排除するＬＰＵの考え方そのものへの強い反発があったと思われる。佐古田は「現在の日本の繊維業界の中で大手が中小を搾取すると言う前時代的な経営がまかり通るとは思えない」し、また、過去四年間の実績を振り返れば「率直に言ってＬＰＵは成果が挙がっていない」と政府の認識を批判した。

また、佐古田は労働コストが高くなったわが国繊維産業の生き残り策＝「定番品は輸入して消費者の期待に応え、国内では差別化品のみを生産すれば良いとの考え方」についても、市場全体の二〇％しか占めないような分野のみの高付加価値化だけを進めることが果して真の生き残り策であるかどうかと疑問を呈した。つまり、「八〇％の定番品の定番本があってこそフレキシブル・マニュファクチュアリングが可能となり、量の増大による全品種のコストダウンが達成されるのである」とされたのである。

この指摘の裏には、当時、停滞さらには衰退を強めつつあった地場産業の将来について、「産地ビジョン」がきわめて画一的な表現で、低価格品などについては輸入品との競合を避け――要するに、そうした市場層からの実質上の撤退――、製品の「高付加価値化」を打ち出していたことへの反発があったかもしれない。

実際、そうしたボリュームゾーンあるいはマスゾーンである程度のシェアを確保せずに、市場構成比からすればわずかな比率しか占めない高付加価値ゾーンへの移行だけで産地企業が生き残れるはずはなかった。

その後のわが国のデフレ不況の下で、上位価格帯の市場の拡大には歯止めがかかり、むしろ中・低価格帯の市場が拡大していった。そうしたなか、中国などでの生産拡大を確保したようなＳＰＡ（製造小売販売業、Specialty Store Retailer of Private Label Apparel）が伸びた一方、そのような市場向けの商品開発に国内業者は遅れを取ることになった。

また、佐古田は「糸、テキスタイル、アパレルを輸入して、これらの素材を用いてファッション振興を図らなければならない」とする考え方を国内繊維産業の空洞化を容認するものであるとして、「国内繊維産業の空洞化を当然と考えることには異論がある。ファッション界として明るい展望であるが、テキスタイル、アパレルにとっては、アジアにファッションの花が咲く時には日本の川中、川下の繊維は空洞化して、なくなっているのでは意味がない」と指摘した。

五つめのＭＦＡ(*)についても、佐古田は「当該業界ないし企業の努力不足が指摘されるが、多数労働者の離職、地域経済の混乱を考えると、かくまで追いつめられる前にＭＦＡ発動を利用して政策的バックアップができなかったものかと悔やまれる」と政府への不信感を率直に述べている。

＊日本紡績業界は平成五〔一九九三〕年三月に『諸外国と平等な国際競争条件の確立を！』というパンフレットを発行し、ＭＦＡ発動について広く国民一般の理解を求めている。同パンフレットは「世界の主要先進国中ＭＦＡ（国際繊維製品取極）によって繊維製品輸入を規制していないのは日本だけである（スイスも規制していないというが、産業構造も国の規模も比較にならない）。このため、東アジアの繊維製品輸出国は現実問題として輸出増加を対日輸出の拡大に求めざるを得ず、日本に輸出が集中することとなり、現在既に国内消費の七割が輸入品で占められている綿製品……正に日本市場は塵

芥捨て場とされ、国際的な余り物に値無しの状況におかれている」と前置きしたうえで、「日本から繊維産業が消滅して良いのか」という点について、つぎのように指摘している。

「紡績業の置かれた国際競争条件は、アルミニューム精錬業の場合のように克服し難いものであり、国際的に見ても極めて低い関税率や、MFA等の国際ルールさえ適用しないという人為的なものであり、政府のスタンスと解決への意思次第とも言える。……少なくとも国際競争条件さえ整備されれば十分発展の余地のある産業まで政治的判断で崩壊させることの無いよう考慮されるべきである。」

最後に、繊維業界のその後の展開を知るわたしたちが強く認識しておくべきことは、知識集約化に連動させた高付加価値化への構造改善のあり方が果して正しかったのかどうかである。とりわけ、わが国繊維産業の生き残り策＝「定番品は輸入して消費者の期待に応え、国内では差別化品のみを生産すれば良いとの考え方」は、その後の日本の造船業などのあり方を振り返って(*)も、必ずしも正しいとはいえなかったことではないだろうか。

＊詳細はつぎの拙著を参照。寺岡寛『瀬戸内造船業の攻防史』信山社（二〇一二年）。

市場全体のハイエンド――高品質・高価格――分野への特化は、クリステンのいうイノベーターのジレンマ論が示唆するように、ローエンド――低品質・低価格――分野での取り組みを放棄させることにつながり、将来のイノベーションを遅らせることになる。

市場経済においては、マスゾーンへの取り組みなくして、ハイエンド市場への取り組みも可能にはならないのである。繊維産業における構造改善事業のあり方は、政府依存の業界体質の定着と業界における企業家精神の萎えを生み出すだけではなく、イノベーションへの取り組み意識も萎えさせることを示唆しているのではあるまいか。

第四章　中小企業と政治

日本型利益政治の風景

政策において、既得権が生み出され、業界内部の問題解決への自発的な取り組みの意識を鈍化させる政府依存のあり方は、前章で取り上げた繊維産業における中小企業政策に限らず、経済政策全般についてもいえる。また、それは日本のみならずどこの国においてもあてはまることも多いのである。

経済政策のもたらす効果は、どのような政策であれ、政策対象である経済主体の政治的な力に応じて、直接的あるいは間接的に利益配分あるいは不利益配分の政治を生み出す。それは利害についての政治的決着の結果でもある。田中角栄に代表された高度成長期の時代において、そのスタイルは利益配分の政治の最後の輝きであった。この時期をピークにそのような利益配分の政治には限界が来ていた。にもかかわらず、それは高速走行する自動車が急に停止できず、その慣性力でしばらく進み続けるようなものであった。

高速走行を可能にしていたエンジンの不調やガソリン残量が少なくなると、スピードを落としコースなどを変更することを余儀なくされる。政治の世界においてもすでに述べたように、小泉純一郎に象徴される不利益配分の政治は、敗戦後の一時期を除いて、日本社会においても遅かれ早かれ再び登場せざるをえなかったのである。だが、不利益配分の政治は、利益配分の政治ほどは単純には実行されない。なぜなら、だれしも利益よりも不利益により一層敏感であるからだ。それゆえに、不利益配分の政治の登場には、新「自由主義」というイデオロギーを必要としたのである。

ここで不利益配分の政治に先行した利益政治の日本的風景を再度振り返っておこう。政治学者の新川敏光は「戦後日本政治の枠組み」で、一九六〇年の日米安保条約改定による岸内閣総辞職後の自民党政権の政策の特徴、とりわけ、「経済主義路線への回避」という視点からつぎのように「生産第一主義」を「一九六〇年体制」としてつぎのように位置付けた（新川敏光・大西裕編著『日本・韓国』所収）。

「池田の経済主義は、吉田のそれと同じではない。吉田は、自由主義経済の信奉者であり、計画経済嫌いで知られていた。彼は、戦前軍部と結託して統制経済を主導した商工省およびその後身である通産省を軽んじていた。また戦後の荒廃のなかで……軽工業中心の経済発展を考えていた。対照的に、池田内閣のもとでは重化学工業化戦略に基づく計画的な資源配分（補助金・融資や税制上の優遇措置）がなされた。このような経済主義を、ここでは生産第一主義と呼び、吉田の経済主義とは区別する。……これは一九六〇年体制と呼んだ方が良そうな気がする。……生産第一主義戦略は、そもそも通産省企業局の重化学路線に則ったものであり、計画嫌いの吉田によって疎んじられていた通産省が、吉田政権末期から徐々に影響力を拡大し、自由民主党政権樹立とともに表舞台に登場することによって実現したといえるからである。」

新川のいうように、吉田から岸を経て池田へという日本の政治の大きな流れは、吉田の自由主義的経済主義から計画主義的経済主義への転換であり、政府主導型の経済政策、つまり、通産省主導型の産業政策が日本経済の発展に大きな役割を果たすべきであるという考え方が登場してきた時期でもあった。必然、繊維産業のような軽工業部門から輸送機器や電気機器など重工業路線への転換を、繊維産業に対して直接的な不利益配分の政治を行わずにどのように進めていくのかが課題となっていた。

それは、自民党政権が当時の生産第一主義重視の政策姿勢を温存させたうえで、差し迫る貿易・資本の自由化に日本の産業界をいかに円滑かつ速やかに対応させるかを強く意識していたのである。昭和三八〔一九六三〕年にはＩＭＦ（国際通貨基金）の八条国、ＧＡＴＴ（関税及び貿易に関する一般協定）一一条国という貿易・資本の自由化への移行の下で、産業界に対する関与はそれまでの直接的――制度融資など――なものから間接的な行政指導中心とならざるをえず、自民党政権と通産省が産業界とどのような関係を構築するのかも重要な課題となっていた。

具体的には、一方で衰退傾向にある産業にどのように対応し、他方でわが国工業の主導的地位を占めることのできる重化学工業分野の産業をどのようにして振興できるのかが、当時の自民党政権の産業政策上の課題であった。前章でも取り上げたように、繊維産業はそのような状況の大きな領域を象徴していたのである。自民党も通産省も当時において不利益型政治の実行という点において、繊維産業を単線的に見捨てるわけにはいかなかったのである。

この点について、新川は「産業政策が、重化学工業への優遇に終始すれば、その他の産業の反発を受け、それらの声が反自民党政権のうねりを生じさせかねない。しかし、自民党は、国内向けの建設業や衰退産業への配慮を怠らず、その支持基盤を広範な社会層に広げた。国際競争力を獲得した産業のもたらした経済的繁栄の結果生まれた財政余力を、高度経済成長から落ちこぼれた部門に注ぐことで、自民党は包括政党化し、政権の長期化に成功したのである。このような自民党の包括政党化に大きく貢献したのが、補助金行政である。補助金は、もとより産業基盤整備にもつぎ込まれたが、再分配という観点から注目されるのは、農業部門への補助金である」と指摘する。

しかしながら、建設業と同様に、繊維産業はかつての輸出の花形産業から国内市場向け産業へと移行したものの、その国内市場では輸入製品との競合に苦しむようになっていた。

新川は補助金行政の事例として、農業分野では昭和二六〔一九五一〕年の議員立法として成立した「積雪寒冷単作地帯臨時措置法」を挙げているが、本書で取り上げた繊維産業に関わる臨時措置法もまたその一例といってよかった。直接的に繊維産業を対象にしていない「中小企業近代化促進法」もまた、繊維分野で中小企業性業種――中小企業の出荷額比率が高い分野――が多く存立することから、実質的には繊維産業もまた対象となっていた。

本来、「中小企業近代化促進法」では、近代化のポテンシャルが高い産業群、とりわけ、中小企業性業種を特に対象として、輸出戦略産業分野の中小企業へのテコ入れによって国際競争力を高め、わが国の外貨獲得への大きな貢献が期待された。そうした政策がある程度の成功を収めたのも事実であった。だが、成功を収めたことにより、政策対象はやがてポテンシャルがさほど高くない産業群にも拡大されていくことになるのである。

この意味では、新川のいう「衰退産業への配慮を怠らず、その支持基盤を広範な社会層に広げた。国際競争力を獲得した産業のもたらした経済的繁栄の結果生まれた財政余力を、高度経済成長から落ちこぼれた部門に注ぐことで、自民党は包括政党化し、政権の長期化に成功」していくことになる。だが、逆説的にいえば、低成長と財政余力の低下とともにそのような政策はやがて見直されることになる。自民党政権のそのような利益配分の政治のスタイルは曲がり角を迎えることにならざるを得ないのである。比喩をもちいれば、ここでいう「包括政党化」は全診療科をもつ総合病院みたいなものであるが、それだけの医師と設備を抱えることができなければ、特定診療科のみによって専門病院化せざるを得ないのである。

「中小企業近代化促進法」に代表される中小企業政策も、中小企業性業種が一定地域に集中的に立地した地域産業――とりわけ、地場産業――を対象とせざるをえない意味と範囲において、中小企業政策とは地域政策でもあったのである。要するに、中小企業の多くは地域経済密着型の存立形態と存立基盤をもっているのである。ゆえに、地域経済の動向が中小企業の存立に大きな影響を及ぼしてきた。とりわけ、既述のように一定地域に集積してきた産地型の繊維産業だけではなく、中小建設業、中小小売業、中小サービス業などは地域経済の興隆・浮沈と運命を共にしてきたのである。

こうした社会経済構造をいわば本能的に熟知していたのが田中角栄という政治家であったのではないだろうか。田中の発想の原点には、同時に地域への利益配分という政策手法が根付いていた。田中が主導した電源三法――電源開発促進税法、電源開発促進対策特別会計法（現・特別会計に関する法律）、発電用施設周辺地域整備法――もまたこの典型であった。その後、昭和四八［一九七三］年の第一次石油ショックによって、火力発電所に大きく依拠する当時の日本の電力業界にとってより安定したエネルギーの確保が大きな政策課題となった。火力発電以外の電源開発が探られ、原子力などの電源開発とその立地選定を円滑に行うために新たに発電所を受け入れる地域に対して、交付金によって公共用施設などの建設を行ったのである。

とりわけ、重要であったのは交付金の原資となる電源開発促進税の仕組みであり、この原資を元に特別会計が作られた。公共施設の建設は地元の建設業者にとって大きな魅力となったのである。いずれにせよ、国の政治——国政——であろうとも、それは地方の政治のかたちをとるのである。地方をとりまく政治もそのようなかたちを求めるのである。とりわけ、土木や建設だけではなく、繊維産地をとりまく政治は地方の利害をめぐって展開するものの、他方でそのような産地が全国各地に点在することで国の政治というかたちをとることを容易に促してきた。

日本型利益政治の限界

社会学者の開沼博は、『「フクシマ」論——原子力ムラはなぜ生まれたのか——』で戦後日本社会の「均衡ある発展」と高度成長型経済の下での軋轢と現実の姿を福島原発とそれをとりまく日本の社会構造の同一円のなかにみて、「そのような構図が中央からの支配だけによるものではない」ことをつぎのように説く。

「戦後は、地方が自ら中央に売り込みにくるというような『効率的な間接統治』とも言えるシステムになる。……ムラのエージェントが地方議会や国会に選出され、利権を取り合うという構図であり、中央にとっては効率よく、国家の末端まで統治を行き渡らせることにつながったと言える。そこにおいて、地方・ムラは自発的な服従をするようになった。」

開沼はそのような構図を「分配による地元振興と民衆からの支持をえるためのメディア」＝「田中角栄的な政治」としてとらえている。いうまでもなく、そのような政治手法には明かに「限界」があったのである。

開沼はこの点についてつぎのように指摘する。

「そのようなシステムの背後にあって、ニューディール的、あるいは福祉国家的な社会システムに綻びがでてくるとそれは破たんに向かわざるをえない。田中角栄的な政治は批判の的となり、一方で官も産もよりコストのかからない方法を求められる。そのようななかで生まれてきたのは、佐藤栄佐久県政が見せたような『voice of exit』における voice、つまり意図的なノイズメーカーとしての動きであり、それは中央にとって大きな衝撃を与えた。ところが、実は、新しいシステムの用意は整っていた。それは他ならぬ自発的な服従の姿勢を見せるムラのあり方であり、そこにおいて地方は exit、すなわちメディエーターとしては消滅したと言える。メディエーターが消滅しても、自動的かつ自発的な服従を見せるムラは中央と直に接合し、共鳴する、極めてコストパフォーマンスのいい支配・服従の体制になった。

この流れに、統治のメカニズムの高度化を見出すことができるだろう。つまり、かつて利害の調整に必要不可欠だった幾重にもなった中間集団の働きが縮減するなかで、支配・服従の関係がよりシンプルに、以心伝心的になり社会を動かしているのだ。」

開沼のいう「かつて利害の調整に必要不可欠だった幾重にもなった中間集団の働きが縮減」したのは、もはやそのような中間集団の介在を許容できる利益分配上の経済的パイそのものが縮減したからであって、決してその逆ではない。必然、新たなシステムは「支配・服従の関係がよりシンプルに、以心伝心的になり社会を動かす」効率的なものへと変質していったのである。

むろん、開沼のいう「ムラ」は別段、原子力産業だけに特有なものではない。ただし、その利害範囲と関係予算の巨額さにおいて、原子力「ムラ」は突出していたのである。その特質は先に分析対象としてきた繊維産業などにも多かれ少なかれ共通したものであり、繊維ムラ――ただし、その存立構造は原子力産業における電力会社のように一枚岩では決してなかったが――といってもよかった。

開沼のいう「中間集団」を繊維産業についてとらえた場合、中間集団という概念をどのようにとらえるかであるが、すくなくともその一つは工業組合であったといっておいてよい。繊維産業が衰退するなかで、工業組合の構成メンバー自体の減少が「繊維ムラ」の縮減を「原子力ムラ」とは比較にならないほど空洞化というかたちで推し進めたのである。

前章で紹介した構造改善事業において、「過当競争」の是正が強く求められつつ、繊維産業の場合、従来の設備近代化だけではなく、とりわけ、デザインや新製品などの非価格競争力の強化が掲げられたものの、そうした方向への転換は遅々としたものであり、日本の繊維産業の転換は困難なものであった。必然、わが国の輸出に占める繊維の相対的地位の低下が続いた。たとえば、日本関税協会『貿易概況』からわが国繊維産業の輸出額に占める比重を振り返っておけば、それは昭和二〇年代半ばまでは全体の半分程度を占めていたが、昭和四〇年代では機械・金属製品の成長によって大きく低下し始めていたのである。

この原因を考えれば、繊維と機械・金属系分野の成長度の相違にくわえ、繊維産業の国際競争力の低下があった。だが、国際競争力という点では、過当競争は市場競争を一層推し進めることで製品価格の引き下げを促し、わが国の繊維産業の国際競争力をむしろ高めることにつながったはずである。にもかかわらず、繊維業界や通産省も過当競争をつねに問題視し、その改善をなぜ強く求めたのであろうか。それは市場での競争、とりわけ価格競争が個別企業の収益を圧迫していたことにほかならない。

しかしながら、過剰とされた設備を共同廃棄することで市場での需給ギャップを解消して、業界が適正とおもわれる価格が回復したとしても、輸入品との競合関係が緩和されるわけではなく、設備廃棄がただちに業界の収益向上に単純に結び付いていたとは考えられない。事実、そのようにはならなかった。それゆえに、一方において過剰設備廃棄による過当競争とともに、品質向上や製品開発など非価格競争力の引き上げが主張されたのである。

むしろ、当時においても過当競争を真に是正するのであれば、いわゆる「出口」戦略なるものが示されるべきであった。市場での優勝劣敗競争の結果、価格競争力や非価格競争力を保持・増進させた企業だけが存立することで、業界全体の競争力はむしろ向上し、輸入品にも対抗できる体質が業界内で定着した可能性もあったのである。反面、市場での競争に敗れた企業は退出、あるいは他企業と合併せざるをえないことで、過小過多といった業界の体質課題のうちの過多の是正が進んだ可能性もあった。

その場合、市場からの退出——自ら、あるいはやむなく——を余儀なくされる企業に対する転業、あるいは廃業への支援という出口政策が同時に示される必要があった。この点において、日本の繊維産業政策は明確ではなかったのである。わたし自身が不況産業、特に繊維や雑貨分野における転業調査にかかわった経験からしても、短期間に転業可能なケースはアパート建設や駐車場経営などサービス業への転換が多かった。他の工業分野への転換というのは短期間にはかならずしも容易ではなく、自らのコア技術を自覚しつつ関連分野への投資——新しい人材の採用や人材教育も含め——の中長期的な取り組みを通じてはじめてその可能性がでてくるものである。中小企業などのそうした中長期的な取り組みにたいして、政府などがどのように政策的支援を行うべきかは、いまでもわが国中小企業政策の課題でありつづけているのも事実である。

さて、この「過当競争」については、経済学者の鶴田俊正も一九八二年の『日本の産業政策』で「過当競争という概念が分析上の鍵概念としてしばしば使用されていたにもかかわらず、この概念ほど曖昧模糊としたものはない」としたうえで、実体は「〝過当競争〟と見誤るほどの成長意欲が多くの産業、企業にみることができた……日本経済の価格機構がほぼ正常に機能しえたことを示すものであり、同時に、『戦後』の日本経済が『二重の技術革新』（プロセス革新とエレクトニクス――引用者注）に直面していたからにほかならない」と指摘した。

要するに、鶴田が主張していたのは戦後の産業政策の成功――政府が意図したか、あるいは意図しなかったかは別として――は、むしろ過当競争という結果にこそ現れていたのであって、それは決して失敗の結果ではなかったという点である。鶴田はつぎのように主張する。

「この時代における産業政策の〝悲劇〟は、政府が手がけたこのような産業政策の成果に、当の政府が正確な認識をもつことができなかったことにある。換言すれば、政府は日本経済に内在する『弱点』にのみ目を奪われ、その『成果』をあまりにも軽視しえたところに、〝悲劇〟の生まれる背景があった」。

鶴田のいう「悲劇」とは、過当競争は日本産業の弱点ではなく、むしろ設備能力を拡大させるだけの実力という「強さ」があったがゆえの結果であり、この強さに着目すれば、市場での需給の不均衡は共同設備廃棄などによる政府介入に依拠しなくても市場メカニズムによってやがて自律的に解消されていく性格のものではなかったのかという点にある。鶴田はつぎのように当時の現状を分析する。

「経済の実体のなかに競争秩序を求めようとする動きがあり、政府介入の枠を突き破って市場の論理が貫徹していたことにおかれている。すなわち、競争制限的な政府介入は主として産業構造の中間部門である素材産業を中心として行われ、最終需要に直結する加工産業には、間接的な誘導方式に基づく介入以外に競争制限的な直接介入がほとんど行われていなかった事実こそが、日本経済の良好なパフォーマンスの維持を可能とした要因であった。」

わたしも鶴田の当時の見方を強く支持する。にもかかわらず、繊維産業において政府介入が行われたのは、中長期的な市場原理による需給調整に委ねることの非経済的な要因――後述の外圧も含め――が強く働いていたのである。それは日米繊維交渉のなかで、国内市場での過当競争は日本の繊維業者をより一層の輸出努力という方向へと推し進め、結果として輸出ドライブが起こることになることで、繊維交渉の解決が遠のくことが予想されたからである。政府はそのような輸出ドライブが繊維交渉をさらに複雑化することを危惧したのである。この点はすでに述べた。それゆえに、政治的――外交的――に短期間に、政府による「上」からの需給調整を進展させることを優先させたといってよい。

昭和三一〔一九五六〕年の「繊維工業設備臨時措置法」――いわゆる「繊維旧法」――、昭和三九〔一九六四〕年と昭和四二〔一九六七〕年の「特定繊維工業構造改善臨時措置法」――いわゆる「旧構造改善法」――、昭和四九〔一九七四〕年の「繊維工業改善臨時措置法」――いわゆる「新構造改善法」――などの一連の臨時立法の実質上の長期化は、市場原理が働いているなかでの政治的需給調整措置の限界を指し示した結果ともあったのである。

本来ならば、設備投資などは個別企業の経営の根幹にかかわる経営上のもっとも重要な判断・意思決定行為であり、それは経営主体の将来収益への期待に基づく判断そのものであり、市場での優勝劣敗競争を通じて個別企業の成長、あるいは退出を決定することになる。この点からみれば、紡績などの繊維企業が活発な設備競争を続けてきたのは設備投資がそうした個別企業に高収益を保障していたことに加え、将来において高い収益をもたらす期待からであった。

活発な投資は、いずれ、その後の景気変動による市場の需給不均衡によって、企業間の加熱化した設備投資競争をやがて抑制していくことになるのである。だが、敗戦後の一時期、外貨の制約問題から輸入原綿の割当制度による政治的な需給調整が優先され、設備登録以外の織機には原綿買付資金の割当を行わないことで短期的な需給調整にある程度の成果を収めたという過去の成功体験をもつ政府は、高度経済成長下でも同じ効果を期待したのである。

いずれにせよ、政府の積極的な介入にもかかわらず、その後も過当競争体質が是正されなかった。実際には、織機の数が増加していたからである。とりわけ、「繊維工業設備臨時措置法」による新規増設設備登録制の導入と未登録設備禁止措置は、規制を前にしての駆け込み増設を生み、綿紡のみならず、毛紡や綿スフの業界などで需給の不均衡を一層拡大させる結果になっていたのである。

それまでの経緯においても、寡占化された一部の業界はともかくとして、中小零細企業が広汎に存立する業界においては政府の細かい規制が所期の効果を収めるのは、戦中の統制経済の時期を除いてきわめて困難であった。いわゆるヤミ織機あるいはヤミ設備の規制についてもみても、長期間にわたって継続されことで、過剰設備の買上げ制度はある種の政治的レントを生んでいくことになった。過剰設備を買い上げたにもかかわらず、製品市況が改善すると、たちまち、ヤミ織機による生産増で需給不均衡が再度生じるようなサイクルが繰り返される「いたちごっこ」のような状況がみられていくのである。

こうした構造は先にみた繊維関連の審議会やその専門部会でも頻繁に取り上げられ、その事実と課題が専門委員——大学教授や研究者など——、行政、業界関係者のあいだに広く共有されていたのである。にもかかわらず、政策の入り口である設備登録・買上げ制度がすぐに廃止されることはなかったのである。基本的には、需給調整は市場メカニズムに委ねられることはなく、その「出口」戦略も示されないままに、既得権益化した利害調整制度の廃止がつねに先送りされ続けたのである。

出口戦略ということでは、昭和四〇年代後半には、「知識集約化」構想が産業構造審議会などで「産業ビジョン」として掲げられ、繊維産業においても「知識集約化」が賃金コスト増とアジア諸国などの追い上げへのある種の特効薬として示されるようになったのである。こうした方向性はそれまでの高度成長期の豊かな国家財政を背景にした利益配分型政治の限界を実質的に示すものでもあったのである。

この知識集約化構想は繊維産業においては、前章でもふれたように、ファッション型産業への転換としてとらえられたものの、その実際上の達成は従来以上に個別企業の創意工夫やこれを担う人材育成など人的資本重視の度合いによってのみ可能なのである。しかしながら、現実の政策にかかわる制度は、設備登録や共同廃棄などにおいてその実質的役割を担ってきたそれまでの組合制度に依拠したがゆえに、いわゆる箱モノと一体化したセンター設立のようなもっぱらハード面に終始した感があったのである。

つまるところ、繊維産業などを対象とした産業政策は、所得倍増計画に象徴された高度経済成長期の下では、既存産業のさらなる振興による産業規模の拡大を目指したものの、やがてそれはある時期から変質し始めることになったのである。産業政策は、成長産業から衰退・停滞産業への所得再分配政策へと、その実質的な意味づけは変化させていたのである。これを象徴するのは繊維産業政策でなかったろうか。

そのような繊維産業においては、長期間にわたって継続された構造改善事業が果して所期の効果を収め得たのかどうか。繊維産業における構造改善事業にかかわる政策は、すくなくとも繊維業界の構造的問題がきちんと把握され、その構造そのものを改善あるいは解消して新たな段階へと進むことがなければならない以上、その構造が一体全体何であったのかがまずもって問われなければならないのである。そして、業界構造を変革すること、それ自体が不可能といえないまでも、困難であるがゆえに、構造なのであって、元来、構造改善――産業調整――政策とは、「構造」改善という政策用語自体が大きな矛盾――「改善」が困難であるからこそ「構造」なのである――をはらんだ政策思想なのであった。

　したがって、構造改善事業の評価にあたっては、完全な「変革」などではなく、どの程度、その問題を解決しえたのかという点が重要であるし、また、事実、繊維関連の審議会あるいはその下に設けられた専門小委員会などでもこの点こそが繰り返し論議されていたのである。平成五［一九九三］年に開催された繊維工業審議会総合部会・産業構造審議会繊維部会の合同政策小委員会でも、構造改善の先に設定された「マーケット・イン型」産業構造＝「クリエーションを育む産業構造」とそれを支える人材の育成が強調された背景には、日本の繊維産業が現実の市場ニーズに合った製品を生産・流通できていない現実があり、現実の市場ニーズに応じた製品を創造することのできる人材が不足しているような構造的な問題があることが想定されていたといってよい。

　鶴田は前述の『戦後日本の産業政策』で産業調整策としてのわが国の産業政策について、政府がそのような調整に直接関与したことで「かえって調整をこじらせてしまう可能性があり、また、産業政策は、企業がいざという時に逃げ込める『山小屋』となってしまう危険性もある」と前置きしたうえで、産業政策の本来もつべき機能をつぎのように指摘した。

　「産業調整に対して政府が行うべきことは、企業が合理的選択を行いやすい環境をまずつくることであり、このために、高度成長時代から引き継がれているさまざまな制度的介入の遺産を根本的に再検討し、企業の合理的選択の障害となっている制度的な壁を除去することである。いわば、産業調整を価格メカニズムの作用に委ね、産業政策はこのように自然体であることが、体力を伴った産業の再活性化を可能にする。政府が産業調整問題にからんで積極的に行うべきは雇用対策の一点につきる。また、長期的視点から新しい産業化の道を模索することであり、このことはすぐれて地域経済の再組織化というテーマにゆきつく。」

考えてみれば、緊急の時に逃げ込むべき一時的な「山小屋」――政策規模――の収容定員数には自ずから限界があることはいうまでもない。必要に応じて、山小屋は大きくすることができるが、しかしながら、それでも収容定員数には限界がある。重要なのは、天候が急変するまえに下山をして他の山へと挑戦できる機会をできるだけ多く設けることがより本質的な方法なのである。ただし、他方においてその間のセーフティーネットをどのように整備するのかが産業政策のあり方を規定するものである。

しかしながら、何度も述べたように、三年間――その下交渉の時期を入れるともっと長くなるが――にわたる日米繊維交渉のなかで、かつての日本の輸出を支えた繊維産業に代わって日本産業において大きな位置を占めるようになっていた電気機器や輸送用機器――自動車――がつぎの日米貿易摩擦問題となることを恐れた当時の政府当局は、綿、化合繊、毛の各製品についての包括規制と品目ごとに個別枠を設けた個別規制からなる日米繊維協定が業界の強い反発と反対を押し切って締結されたことで、ある種のがまん料として補助金政策が産業政策の名目で田中角栄通産大臣の下で決定されていくことになるのである。

だが、それは皮肉にも本来の市場での調整過程をないがしろにしたがゆえに、本来は山小屋にとどまらず、体力――転換ポテンシャル――があるうちに下山し、他の山――他の産業分野――へと再び挑戦する機会が失われる結果になった。こうした転換の方向性は決して一律的なものではなく、とりわけ、繊維の場合、地域性が多様であるがゆえに、中小零細企業のもつ潜在力も多様であり、その目指すべき産業や業種もまた知識集約化という単一的方向性でもって規定しきれないものではなかったろうか。

この意味では、一次的なセーフティーネット、とりわけ、雇用対策とともに、転換が容易に行われるための効率的な経営資源の配分を促す制度整備こそが産業調整に相応しい内容であった。そして、三十数年前に鶴田が指摘した「地域経済の再組織化」という問題などは現在の日本経済にとってますます火急の課題となりつつある。地域経済政策の中小企業政策としての役割は増してきているのである。

日本型利益政治の方向

田中角栄の政治――政策思想――とは、戦前型の官僚統制の復活を嫌った当時の日本人にとって、敗戦後の混乱の下で徒手空拳から中小企業の創業経営者となり、そこから政治家へと駆け上がった田中角栄が日本の新しい社会の到来を予想させた政治でもあった。いつの時代でも、混乱期というのは古い秩序を代表する旧世代の退場と、その主張の内実や実現性はともあれ、若さと新しさを強調する世代の登場への期待が醸成されるのである。

しかしながら、田中が日本政治の中枢へと駆け上げるなかで主導した政策手法や政治手法は、田中政治のイメージとは裏腹に官僚政治を真っ向から否定したものでもなく、むしろ官僚体制をも巻き込み、それを取り込んだ利益配分の政治そのものでもあったのである。これについてはすでになんども指摘した。そのやり方は高度成長期という時期の下で完成をみてその精緻度を高めたが、必然、経済情勢の変化の下で変容を迫られるものであった。

では、一体、日本の官僚たちはなんのためにどのような利益誘導を試みてきたのであろうか。前章などでもすでに述べたが、それは彼らの所属する省庁の利益、いわゆる省益ということになるのだろうか。では省益はどのような利益を代表してきたのだろうか。通産省、厚生労働省などは一体どのような省益を守ろうとしてきたのだろうか。一般に、国の各省庁を政府の政策の実行窓口であると位置づけると、そうした政策はまずはその対象とする社会層によって規定されることになる。

こうした対象層には広義と狭義がある。財務省や金融監督庁であるといっても、金融証券業界がその対象であるとはいえ、金融はすべての産業や家計に影響を及ぼすことにおいて、財務省などの対象は国民経済そのもののということになる。だが、実際のところ、財務省が国民全体のため、経済産業省が第二次産業や第三次産業のため、農林水産業が第一次産業のためということになるのであろうか。同一業界であろうと、さまざまな経済主体とその存立基盤のあり方があり、すべての経済主体を対象にして政策、とりわけ、利益配分を行うことにはおのずから限界がある。

問題は経済産業省の政策は、たとえば、工業や商業分野などの事業者に有利であっても、農業者にも同様に有利であるとは限らないのである。このように、産業別の利害関係があるうえに、さらに大企業と中小零細企業の利害関係、また、立地する地域によっても利害関係はさらに異なってくるのである。

一口にいって、省益といっても、その内容を一律に規定することにはさまざまな困難がある。そうした省益ではあるが、それぞれの省から国会に官僚出身議員ということでその利益代弁者を送っている。彼らあるいは彼女らが出身母体の省庁の政策などに対して真っ向から異議を唱えることは考えにくいのである。

それでは、現実には、政界＝官僚出身議員、官僚＝省＝行政、財界＝官僚出身の役員層という政官財トライアングルは一体全体何を共通利害として形成され、政策決定に影響を及ぼしてきたのだろうか。この種の問いは、こうしたトライアングル構造がどのようにして形成され、実際にどのように機能し、そこにどのような利害が配分されるのかという課題を改めて浮かび上がらせる。

同時に、この問いかけは平成二三［二〇一一］年三月一一日の東北地域の大震災をとりまく諸問題のあり方を問うことでもある。とりわけ、福島第一原子力発電所の事故の背景にあったのは地域振興という名目の下での、原子力エネルギー産業を支える電力業界、原子炉などの関連業界、そしてその規制・監督にあたる行政のチェック・アンド・バランスを著しく欠いた三つ巴で一体化した構造であった。

こうした関係は福島第一原子力発電所の事故にあまりにも象徴的に可視化されたものの、繊維産業の構造改善政策や農業政策などでも明らかに存在した構造でもあったのである。それが原発事故というよりショッキングなかたちで、再度、わたしたちの眼前に鮮明に示されたにすぎない。

そこには、むろん、政治資金の配布を通じて政治家を集団化――派閥化――させ、一定利害の方へ誘導するための集金マシーンがあった。官僚と官僚型政治が作り上げた巧妙な集金マシーンを持たない田中は自らそのシステムを作り上げたともいえよう。日本の政治家の主流であった官僚出身統治階級になれなかった庶民宰相の田中角栄が生きた時代と現在が大きく異なるのは、日本の産業構造もまた変化してきたことである。

田中角栄の時代は、農業から工業へと日本経済の産業構造がダイナミックに変化しつつあったころであり、田中は自民党の選挙基盤となっていた農業と農村から、工業、そして脱工業化分野としてのサービス業と都市へと選挙基盤を転換させることで自民党政権を維持させた。

そうしたなかで、田中は衰退産業化し、過疎化しつつあった農業部門と農村社会に対して、成長し、拡大を続ける産業と過密化しつつあった都市からの利益配分を可能にさせる日本経済の工業化を立地政策――再立地も含め――によって進めようとした。これを主導することを求められたのは通産省であった。

しかしながら、戦後の経済復興に輸出を通じて大きな貢献をしていた繊維産業とはいえ、やがて大きな曲がり角を迎えることになった。これに代わる重工業化路線において機械や金属などの加工組立産業への支援を模索していた通産省にとっても、田中角栄の列島改造論は通産省の省益――政府内での存在感の拡大という意味でも――を十二分に確保できる機会ともなっていた。だが、その後、日本経済もまたそうした工業主導から経済のサービス化、さらには経済の金融化のなかで、通産省の役割は大きく後退し、財務省の役割が今まで以上に大きくなることになった。

この構造を産業構造的に対比させれば、通産省――経産省――が富を生み出す産業資本であれば、その分配を握るのが大蔵省――財務省――となる。この場合、富の分配だけが産業の振興を果して可能にさせるのだろうか。では、政策官庁としての経産省の役割を財務省が金融分野の振興において果たしうるのかどうか。従来の規制官庁、予算管理官庁としての財務省はかつての通産省のような産業政策を実行できるのかどうか。考えてみれば、田中角栄の時代は吉田茂や池田勇人の経済優先路線を継承し、財政規模の拡大の下で産業政策の完成をみた時代でもあったのである。

振り返ってみれば、田中角栄、竹下登、さらに小沢一郎につらなる政治家たちの出身地はその余剰労働力を都市へと供給し続けた雪深い地であった。現在は、そのような地域は山間地農林業を中心としつつ、いまでは過疎化と少子高齢化の「先進地」となっている。

「過疎」ということば自体は、高度成長期の昭和四一［一九六六］年に経済企画庁の「経済審議会」――昭和二七［一九五二］年設置、平成一二［二〇〇〇］年に中央省庁改編により廃止――が『二〇年後の地域経済ビジョン（地域部会報告）』で「人口減少地域における問題を『過密問題』に対する意味で『過疎問題』と呼び、過疎を人口減少のために一定の生活水準を維持することが困難になった状態、たとえば防災、教育、保健などの地域社会の基礎的条件の維持が困難になり、それとともに資源の合理的利用が困難となって地域の生産機能が著しく低下することと理解すれば、人口減少の結果、人口密度が低下し、年齢構成の老齢化が進み、従来の生活パターンの維持が困難となりつつある地域では、過疎問題が生じ、また生じつつあると思われる」とすでに警鐘が鳴らされていたことを、わたしたちは記憶にとどめておいてよい。

こうした「過疎」ということばについては、経済学者の松永桂子はその際のモデルとなったのは島根県匹田町――益田市――であると指摘する。松永はその後も過疎化が進展しつづけたことを『創造的地域社会――中国山地に学ぶ超高齢社会の自立――』で限界集落化した匹田町の現状をつぎのように報告する。

「五〇年間（一九六〇～二〇一〇年―引用者注）の間に八割以上の人口減をみたのである。高齢化率は二〇〇五年に五三・五％と五割を越え、匹田町では街全体が『限界集落』化したのである。だがいまや匹田町は特殊ではなく、中国山地では他の多くの町村が同じような状況に置かれている。」

こうしたなかで、地域の生活基盤維持のためには、高齢者もまた現役で働くことが一般的になりつつある。そうした人口減少の著しい地域では、改めて農業政策のあり方が問われてきた。松永はそうした動きについて「今になり、六次産業化(*)や農商工連携が注目されるようになったのはなぜであろうか。……地形上、不利な条件を抱えている中山間地域は、耕作放棄地の急増、後継ぎの都市流出による人口減と高齢化など、長期にわたって深刻な問題に直面しつづけてきた」としたうえで、つぎのように従来型の政策についてその限界を指摘する。

＊六次産業化――農業経済学者の今村奈良臣が提唱した概念で、第一次産業の農畜産物や水産物の生産だけではなく、それらを加工する第二次産業をへて、消費者に届ける流通・販売という第三次産業までを農業者が自ら関わることを意味する。

「解決策として、従来は集落営農の普及や認定農業者制度など農業政策が中心に実施され、いわゆる商工対策中心の産業政策とは一線を画していた。……他方で、高度成長期以降、工業化に伴い都市化が進むなか、工業をできるだけ全国に均等に配置しようというのが地域産業政策の大きな課題とされてきた。農業の衰退や地方の過疎化がすでに深刻化していた一九八〇年代、日本経済は製造業国家としての経済モデルを確立し、それによる繁栄を謳歌しえていた。その後、二〇〇〇年代前半まで、地域産業政策は企業誘致や新産業創出、産業クラスターの形成などが主要な課題となっていく。経済産業省による地域産業政策や中小企業政策の世界では、長らく『工業中心主義』が続いてきたのであった。」

このように過疎化地域に代表される地域社会の問題は中山間地でより深刻に先行したものの、都市においても遅かれ早かれ起こりうるのである。しかも、伝統的な地域社会に根付いていた従来型のコミュニティ組織が消滅している都市社会にとっては、さらに深刻なかたちで地域社会の問題が起こる可能性が高い。問題は労働人口を支えてきた産業の衰退とこれに代わる新たな産業の息吹がみえないままに、人口流出と高齢化が進みつつあることである。

本書で取り上げてきた繊維産業についても、松永が事例として掲げた島根県は、都市での製造コスト上昇によって労働コストの安い地として工場の再立地と下請・外注先として選ばれた縫製産地の一つでもあった。島根県の繊維・衣服産業の事業所数は一九七〇年代以降も一貫して増加したが、その後、一九九〇年代にピークを打ち、従業員数も一九九〇年～二〇一〇年にかけて八〇％以上の大幅な減少をみせているのである。

島根県のような中山間地での、元来、女性の大きな就業の機会となっていた繊維分野のような地域産業の衰退は、若く身軽な単身世代のように容易に移住できない中高年層の女性たちにとって自ら雇用を生み出す必要性が生じていた。農商工連携の地産地消型のビジネスとこれを担う女性企業家の登場はこのような深刻な事情を背景にしていたのである。

人口規模そのものが第三次産業に大きな就業機会をもたらしている大都市と比較して、中山間地などの場合は起業が自らの所得のためだけではなく、地域社会そのものの維持に必要なサービスの提供にもつながっている。かつて、都市にあった商店街もまたそのような機能を果たしてきたが、その衰退は高齢者層の社会生活のあり方にも大きな影響を与えつつある。「買物難民」ということばはそのような現状を象徴しているのではあるまいか。

だが、同時に政策的に重視されるべきことは、人口減少の度合いによる過疎化はなにも松永が取り上げた中山間地だけでの社会現象ではなく、都市のなかにもそのような問題があるという認識なのである。都市についてみても、都市中心部ではなく都市近郊で同様の問題がすでに起こりつつある。また、中山間地の光景はいわゆる「シャッター通り」で表現されてきた中心市街地の商店街の姿にも類似しているのである。大都市でもインナーシティー問題が深刻化しつつあるのである。

商店街といえば、それは戦前の都市中心部の下町において形成されてきた印象を与えるが、その多くは戦後に生まれたものである。その背景には、農村から都市へ流れ込んだ若い労働力は、工業分野だけで吸収しえたわけではなく、商業を含む第三次産業もまたその大きな受け皿となっていた。都市型立地工業では大企業の工場だけでそうした労働力を吸収したわけでなかったように、商業でも町の商店もまた雇用の場として存在していたのである。

そこには商店街の形成を促す政策的な助成制度もあった。昭和三七〔一九六二〕年の「商店街組合振興法」は、アーケード建設などの助成を通じて商店街の成立に大きな刺激となった。他方、スーパーマーケットなどの量販店の登場は日本の流通近代化論争に火をつけることになったのである。そこでの対立の構図は非効率的な流通システムとして零細商店から構成される商店街の存在、したがって、その高物価体質に対する効率的な流通システムとしての量販店の存在――ダイエー創業者の中内功が積極的に唱えた「流通革命」――による物価安定をめぐるものであった。

自民党は従来の零細商店の保護政策について、その後の日米構造協議のなかで、米国製品を大量に扱うことができると考えられた量販店の出店を抑制していた「大規模小売店舗法」の緩和を推し進めることになる。社会学者の新雅史は『商店街はなぜ滅びるのか――社会・政治・経済史から探る再生の道――』で都市のなかの過疎地となってきた商店街について、日米構造協議後の地方への公共投資バラマキが皮肉にも商店街衰退を一層加速化させたとつぎのようにとらえる。ここにも繊維産業におけるかつての政策と同様の構図が見え隠れしているのである。

「財政投融資の使われ方が、日米構造問題協議をきっかけに変化した。……地方に財政投融資がばらまかれることによって、中心街からかけ離れた場所に国道アクセス道路が数多く造られた。一九九〇年代からひろがるショッピングモールは、財政投融資がばらまかれた国道アクセス道路沿いに数多く建設された。また、重要なのが中小企業向けの融資が増加したことである。規制緩和は、地方経済を苦境に陥れたが、その苦境に対して融資を増加させるという、ある種のマッチポンプの様相を呈した。……日米構造問題協議の次年度である一九九一年度の予算では、規制緩和にともなう中小小売店対策が大規模に実施された。商店街のアーケードやコミュニティ・ホール造りなどの商業基盤施設整備費に一一五億円が経常された。……財政投融資は、中小企業を苦境に陥れるとともに、その苦境からの救済措置としても用いられたのである。」

いうまでもなく、商店街とはスーパーマーケットや百貨店といった量販店のように一店舗で完結するような小売業態ではなく、多数のさまざまな零細店舗が同一地域に集中立地することで成立する小売業態であり、その存立形態と存立基盤は製品間分業あるいは工程間分業をとるわが国の繊維産地ときわめて類似している。それゆえに、あるいはその結果として、政治圧力もまた同一地域という共通基盤を有することで行使され、自民党政治の維持に一定の役割を果たしてきた。と同時に、その閉ざされた既得権――営業免許など――は家族経営のすがたで私物化されやすく、しばしばその地域全体の活性化のための再開発に対して積極的な役割が果たされてきたとは言い難い場合もみられる。

繊維産業と同様に、商店街もまた政府から資金的な援助を引き出すことに熱心であっても、衰退する中心市街地への地域全体としての取り組みに対してはかならずしも熱心ではなかったのではないだろうか。商店主は小さな地主として、あるいは営業免許などの私物化――家族や親せきなどへの譲渡――という「閉ざされた権益」の維持に熱心であったのである。

前述の新雅史もこの点について「既得権益の掘り崩しがすすむなか、商店街関係者は、国からいかに資金的な援助を引き出すかということに関心をもつようになり、一部の小売商たちは、じり貧の状況から抜け出すため、コンビニ経営へ乗り出した……一九八〇年代以降の地域に対する規制の緩和と給付の増加は、地域の自律性を奪い取った。地域活性化という名の予算は、特定の業界や地域への金銭の垂れ流しに他ならなかった」と厳しく批判している。そして、ミニスーパー化した一店舗内の自己完結性の強いコンビニエンスストアーの存在はさらに地域内完結型の商店街の衰退に拍車をかけた側面があったのではないだろうか。

さらに、一九九〇年代のバブル経済という宴が終わり、自由主義経済というイデオロギーの強調とその下での規制緩和がすすむなかで、地方都市などの中心市街地は商店街の衰退とも相俟って、新のいう「地域の自律性」の担い手が高齢化し、後継者が狭い地縁血縁のなかで見つからないままに、地域社会の一層困窮していく姿だけが、いま、わたしたちの眼前にある。

中小企業政策としての地域政策のあり方が問われる時代などはとっくに終わり、地域政策としての中小企業政策のあり方を早急に確立しなければならない時代となってきているのである。わが国繊維産業の抱える課題はその後の日本産業全体に広がってきたのではないだろうか。それだけに、改めて日本の中小企業政策などのあり方は再検討され、新たな政策の構築がますます必要となってきたのである。

終論　学者判断の後世

本書で取り上げた田中角栄とその政策思想については、経済学者はもっぱら「日本列島改造論」に代表された地域経済政策面の評価で済ましてきた。中小企業研究者でも、その主要関心は地域経済と中小企業の役割にとどまり、中小企業政策への関心は国際比較も含めて従来から決して高いとはいえず。必然、中小企業政策と田中角栄との関係についての研究は、稀有である。

また、田中角栄の内的精神については、およそ経済学者の主要な関心ごとにはならず、さりとて、政治学者もまた自民党長期政権下の利益配分を代表した金権政治家論あたりで済ましてきた。田中の人物像は政治担当の新聞記者や派閥領袖の観察者であった、いわゆる番記者たちのエピソード紹介や観察記録者の周辺で形成・流布され、エピソード以外の領域へはみ出すこともまた少なかった。

たとえば、田中の番記者であった馬弓良彦は『戦場の田中角栄』で、日本のマスコミがとりわけ、ロッキード事件以降に「十把一絡」の利権政治家像――「巨悪」――としての田中角栄像を創り上げてきたことについて、日本において田中角栄こそが戦後型の民主主義政治を代表した点を葬り去ったことに強い憤りを示し、強く批判する。

馬弓は「政界の最高権力をうかがう実力者としての強引さと、雪深い越後の出稼ぎ人の人情味が同居していた」はずである田中角栄は、戦前来の官僚出身政治家による日本型エスタブリッシュメント政治を突き崩す役割も担っていたことを強調したうえで、戦後日本政治のなかで田中角栄の果した役割の大きさをつぎのように指摘する。

「この世界では、田中は一貫して『悪役』に仕立て上げられた。官立大学を卒業し、言動の隠当を旨とする既成秩序に守られて育った保守的な政治家たちは、政治指導者が『身内』から出ることを期待する。戦後の歴代首相の履歴を見れば、わが政界に名望尊重の気風が存在することがよくわかる。その名望家の群像に裸一貫で挑戦した田中は、明らかに『敗戦後』でなければ容認されない異端児である。……これは、わが政財界、言論界に暗黙の支配的階層が形成されていることを、裏から教えている。その意味では、わが国の戦後社会は、田中の首相就任ではじめて『民主主義』を実現させたのである。戦後民主主義は、形の上では、ここでその理念を全うしたと言える。しかし、田中の出会う不幸の多くは、そこに始まる。」少数の名望家による政治ではなく、多数という意味での「民主主義的」政治の実現には、まず数そのものの確保が前提となる。実に、田中は数――したがって、選挙の勝敗――にこだわり、その実現を利益配分の政治を通して行った。このある種の分かりやすい政治スタイルについて、「田中の出会う不幸の多くは、ここに始まる」と馬弓はみたのである。馬弓の炯眼である。

田中角栄の政治を戦後の「民主主義」政治史のなかに位置付けようとする馬弓は、現職首相のもつ政府調達への指示権限に伴う贈収賄性は立件困難であるという、ロッキード事件のもっていた政治性を十二分に考慮したうえで、ロッキード裁判を「架空の疑獄」とみる。馬弓は、ロッキード事件の本丸が、むしろ当時の海上自衛隊の次期対潜哨戒機採用をめぐる調達劇にあったとしても、「田中が『P3C』採用の露骨な贈賄請託に首を縦に振ったことはないと、私は思っている」とした。(*)

*このほかにも、田中角栄が従来のGEやウェスティングハウスからもっぱら購入していた原発を米国ではなく、カナダから丸紅を通じて購入する方針をもっていたことも米国側を刺激したとする見方もある。

他方、馬弓よりも世代的には先輩格で、自民党政権の初期を観察する機会に恵まれていた新聞記者であった石見隆夫は、田中政権成立の前後からその終焉までを当時まとめた『田中角栄―政治の天才―』が文庫化・再出版されるにあたって、つぎのような序文を残している。田中が没してから五年後のことであった。

「田中が死んだあとも、私は一人の政治記者として、田中角栄という政治家あるいは田中政治の功罪をきちんと整理できないままに時を刻んでいる。いまに至っても、世間では田中礼讃論と田中悪玉論の両極に割れた評価が聞かれるが、トータルな品定めが極めてむずかしい（中略）……戦後五十数年の歴史のなかで、評価が長期にわたる値打ちを持った政治家の筆頭はまちがいなく田中だろう。唯一国葬で送られた吉田茂は大宰相のほまれが高いが、多分田中ほどの永続性はない。吉田も一世紀を過ぎ去れば忘れ去られるにちがいない。……信長のアクの強さと同じように、それらは田中の魅力として、風化するどころか、時とともに逆に光彩を濃くしているのだ。私はそのような意味あいから、田中の『再評価』の時期が近づいていると思っている。」

石見がこの文章を残してから、一五年が過ぎようとしている。わたしのような田中角栄と同時代的な世代からすれば、生身の人間としての田中角栄は、その存在が歴史上の人物として、風化と再評価のサイクルのなかで次世代へと継承されつつあるように思える。もちろん、ロッキード事件の大物主人公として田中角栄像も継承されるであろう。

むろん、わたしに、田中角栄評価において、ロッキード事件や対潜哨戒機採用をめぐる事件性、あるいは背後に米国政府の意向が見え隠れするエネルギー問題や繊維交渉などをめぐる外交問題の真相を新たに判断する材料などあるはずもない。結論を先取りしておけば、わたしが検証すべき領域は、戦後政治の中での日本の政策をめぐる田中角栄の位置であり、その政治スタイルが現在にどのように継承され、その功罪相半ばする結果のどういった「功」を活かしていくのかという点にある。

民主主義を指向した戦後政治において、田中角栄という政治家は、それまでわかりづらかった政策をめぐる利害関係、政治資金の集配と分配のあり方をきわめてわかりやすくした。この点において、本人が自覚し意図したかどうかは別として、また、良くも悪くも、戦前来の日本政治のあり方の不透明性に透明性をもたらした存在ではなかったろうか。

戦前来の日本政治を戦後も自覚的に引きずった岸信介などと比較すれば、なおさら田中角栄という政治家の立ち位置が明らかになる。

岸は商工省で産業合理化政策に大きく関わった後、昭和一一［一九三六］年に四〇歳前後で、満州での産業政策立案の実質上のトップとなり、昭和一六［一九四一］年一〇月には東条内閣の下で商工大臣となり、日本の軍需生産増強に携わった。

岸は敗戦後、A級戦犯となったが、日本をとりまく国際政治の急変によって昭和二三［一九四八］年末に釈放され、その五年後に自由党に入党し――後に除名処分――、間もなく自由民主党の幹事長となり、短期に終わった石橋内閣の外務大臣をへて昭和三二［一九五七］年二月に内閣総理大臣へと上り詰めている。

官僚政治家であった鶴見祐輔（一八八五～一九七三）――戦後は第一次鳩山内閣で厚生大臣――を父にもち、日本政治のあり方を肌で感じてきた評論家で政治運動家の鶴見俊輔（一九二二～）は、中国文学者の竹内好（一九一〇～七七）を通じて日本の戦後社会のあり方を扱った『竹内好―ある方法の伝記―』で、岸信介について「占領下の七年を含む戦後八年に及ぶながい年月にこの人がいかに戦前戦中の人脈・金脈を保つことができたかは、きわだった政治能力を証明する」と指摘する。

岸の政治資金の流れ＝政治能力については、田中角栄のそれと比較して、いまだに不透明な霧の中にある。鶴見は同書で、「人は忘れたいと思っていることによって仕返しをされるもので、これからの時代に、日本人にそういうことが起こりはしないか」と危惧する。

この意味では、わたしたちは田中角栄の政治をいま一度、きちんと分析し、そのあり方を捉えておくことが重要なのではあるまいか。でなければ、鶴見のいうように「人は忘れたいと思っていることによって仕返しをされる」のではないだろうか。

政治学者の北岡伸一もまたそうした歴史的文脈を意識して、『自民党―政権党の三八年―』で、田中角栄が自民党内の派閥政治では優勢な位置にいた福田赳夫に代わって登場した背景には、「秘密主義で、分かりにくい、待ちの政治であった」佐藤栄作長期政権への世論の反発があり、また、「官僚的な古いタイプの政治では、自民党の漸減傾向は防ぐことができないということを、多くの自民党員が直観的に感じていた」なかで、議員立法などで見せた田中角栄の攻めの手腕に対する国民の大きな期待があったとして、つぎのように指摘する。

「要するに、法律が生み出す自由と規制、誘導と禁止の力を使いこなす創造的な能力において、田中は傑出していた。その内容は、国土総合開発、住宅の確保、道路の整備などが中心であった。道路整備の財源にガソリン税を目的税としたことなど、名案としてよく知られている。ともかく、国土の有効な開発、大企業よりも中小企業の発展、社会資本の整備などにおいて、田中は一貫して、人並みならぬ関心を持ち続けたのである。」

わたしもまた「国土の有効な開発、大企業よりも中小企業の発展、社会資本の整備などにおいて、田中は一貫して、人並みならぬ関心を持ち続けた」ことについて取り上げた。もちろん、田中一人だけでさまざまな問題への対処は可能でなく、それゆえに自民党内派閥としての田中派は政策の百貨店、あるいは総合商社を目指していたともいえよう。田中角栄の政治的関心は実に広汎に及び、広範囲な利益配分に関わることで、田中の政治範囲はさらに広がっていったのである。

鶴見俊輔は、田中角栄をとくに意識して前述の『竹内好―ある方法の伝記―』でその政治スタイルを取り上げているわけではないが、田中とは対象的に戦後日本社会の民主主義や無邪気なまでの近代化志向に抗しつづけた竹内好を取り上げている。すでに紹介したように、鶴見は、戦後社会を不器用に生きた竹内好の生き方を通して、「人は忘れたいと思っていることによって仕返しされるもので、これからの時代に、日本人にそういうことが起こりはしないか」と問い、竹内好とは異なった意味で戦後日本社会を不器用に政治家として生きた岸信介についてつぎのように取り上げている。(*)

「自分が戦争責任を背負わず、それをみずから問うことなくもう一度権力を握った岸信介氏ですね、この人が総理大臣になって、一九六〇年の強行採決が起こって、安保闘争が起こるわけですが、そのときには竹内さんが全力を尽くしてそれに対抗するという決断をしたんです。……日本の戦後思想は、大学と論談、ジャーナリズムについていえば、戦争中に最も過ちのなかった人々の思想を洗い出してうけつぐことを仕事にした。誰が過ちがなかったかというように洗い出すわけですね、探偵みたいに。その上に、自分たちの未来を継ぐという方向をとってきたと思うんです。正しい道をとった人の多くは死んでいます。ですから、間違ってないわけですね。……しかし、自分たちの過失として明かにして、その絶えざる吟味のうえに未来を考えるという道がほかにあると思うんです。」

＊竹内好についてはつぎの拙著を参照。寺岡寛『近代日本の自画像―作家たちの社会認識―』信山社（二〇〇九年）

竹内たちがこだわった安保改正をめぐる「政治の時代」から、やがて「経済の時代」へと時代は横滑りし、その主役は岸信介から池田勇人、佐藤栄作、そして田中角栄へと受け継がれていく。日本の近代主義は政治の近代化を封印したまま、経済の近代化へと横滑りしたのである。田中のもつある種の楽観的明るさは、そうした日本社会の変化とも決して無関係ではなかった。竹内はそのような明るさが深く長い影をもったものであったことにこだわったのかもしれない。

しかし、戦後の日本経済の復興とその後の高度成長に大きく寄与した繊維産業が、やがて、日米経済摩擦という「政治」に翻弄され、戦後日本社会の新たな出発とみなされた沖縄返還のときに、「糸を売って縄を買った」と揶揄され、日本経済の主導産業からむしろお荷物の衰退産業扱いされるようになることには歴史の皮肉を感じざるを得ない。

経営学者の伊丹敬之は、そうしたわが国の繊維産業について、『日本の繊維産業―なぜ、これほど弱くなってしまったのか―』でつぎのように取り上げる。

「七〇年代に織物業がもっと本格的な発展を遂げていたら、日本の繊維産業全体が変わっていた可能性がある。……現実には、その織物業に対して、七〇年代には大きな社会政策的措置がとられてしまっていた。それは『糸を売って縄を買った』とその後長く語り継がれることになる、沖縄返還とワンセットにされた日米繊維交渉による対米輸出規制への補償であった。設備登録制という織機を政府に登録して使用するという恐るべき制度を使って、設備廃棄の巨額のカネが繊維産業に行き渡ったのである。

もっとも恐ろしいのは、一つの政策が意図せざる結果として次の政府依存体質を生むことである。……戦後まもなくの合成繊維育成策は、国全体の繊維供給という点では合理的な政策だったが、しかしそれは天然繊維と合成繊維の間の競合関係の中で一方に政府が肩入れしたことになった。それへの補償として、天然繊維側が『それなら自分たちにも何か政策的措置を』という要求を出すことになる。依存体質の種がここにある。そしてこうした傾向を決定的に助長したのが、『糸を売って縄を買った』といわれた日米繊維交渉の後遺症としての補償要求であったのだろう。」

伊丹の主張の論点は、業界自らが取り組むべき課題の、すべてといわないまでも、かなりの部分を政府に委ねようとしたことで、業界全体が苦境に陥ったとする点にある。確かに、欧米各国の繊維産業もまた衰退傾向にあったものの、それは日本の場合と比べて相対的に緩やかなものであった。

日米間で繊維交渉が始まった一九六〇年代末には、実際のところ、米国市場で日本の繊維製品の市場シェアはまだわずかであったが、米国の繊維業界は労働組合とともに予防的措置として当時のニクソン政権に政治的圧力をかけ、沖縄返還に絡む外交問題に、自らの保護主義的解決の方向を滑り込ませたのである。

当時、とりわけ、日本の合成繊維産業界は大幅な生産設備増強を行った時期であり、対米輸出自主規制はそうした設備をたちまち過剰投資とさせ、日本の繊維産業は苦境に陥った。大手合成繊維企業は国内での供給過剰と国際競争力の低下のなかで、国内での生産拡大路線から海外展開に舵を切り始めた。しかし、国内の供給過剰は容易にはなかなか解消されず、一九七〇年代後半から通産省主導の設備新増設を認めないとする不況カルテルが始まった。結果、大手合繊繊維産業は非繊維事業部門への進出を積極的に推し進めることになるのである。

問題の中心は、繊維不況の下、川上で事業の多角化を進めていた原糸部門の企業群ではなく、川中部門の織物関係や川下部門のアパレル関係の中小零細企業群の存在であった。数度にわたる為替調整によって円高が定着することで、日本のアパレル産業の国際競争力は著しく低下し、日本は繊維輸出大国から、繊維——衣類——の輸入大国——中国からの——となっていく。いうまでもなく、衣類の輸入拡大は、その関連分野である原糸や織物の業界にも影響を与えることになる。日本の繊維産業が輸入超過になるのは、プラザ合意から二年後の昭和六二［一九八七］年のことであった。

川上の企業が繊維で培ってきた技術をベースにして、事業の多角化を推し進めることができたのとは対照的に、川中や川下の中小零細企業はそのような対応をなぜうまく進めることが出来なかったのか。伊丹のいうように、川中部門の企業が政府依存となったことで、自ら事業を多角化するなどのインセンティブが高まらなかったとするならば、まずは、日本の繊維産業の特徴とその構造的な問題をみておく必要がある。

まず指摘すべきは、繊維産業が産地性の強い産業であることである。産地企業のほとんどは中小零細企業である。そうした中小零細企業は大企業とは異なり単一地域に立地し、地域内分業をとることで産地を形成してきたのである。

こうした構造は、過小過多――企業規模の小さな企業が多く存在すること――の体質が特徴とされ、従来から企業規模の大きな事業体に集約化されることが困難という意味で「近代化の遅れ」として指摘されつつも、他方で柔軟な生産体制として評価されてもきた。

こうした構造をもつ日本の川中・川下分野の中小企業の今後のあり方として、通産省が「産業ビジョン」を提示し、また、研究者などが目指すべき方向として「米国型」と「イタリア型」を提示した。しかし、日本のそれぞれの産地は、そうした方向を強力にリードしていく中核企業を欠いていたことに加え、繊維産業が「衰退産業」として社会的に認知されたことにより、優秀な人材を引き付けることが困難になり、さらに、一時的措置として米国や欧州が行ったようなセーフガードを政府は発動しなかった。

最後の点については、先にみた繊維関係の審議会のなかで、業界側から何度にもわたってセーフガードの発動が提案されていたにもかかわらず、政府が踏み切らなかったのは、当時の日米貿易摩擦に象徴されるように、関係国から日本の貿易収支が黒字であることへの批判をかわすためであり、繊維産業に代わり輸出産業となっていた鉄鋼、自動車、家電製品に貿易摩擦問題が波及することを避ける――実際にはその後次々と起こり、やがて半導体産業をめぐる問題にまで拡大することになる――ためであった。

繊維産業をめぐる政府の「糸を売って縄を買う」という政策は、「糸を売って機械金属製品を買う」という政策へと受け継がれていく。繊維産業は先にみた「繊維工業設備等臨時措置法」、「特定繊維工業構造改善臨時措置法」、「臨時繊維産業特別対策法」、「中小企業団体法に基づく織機登録特例法」、「繊維工業構造改善臨時措置法」など「臨時」とはいえ、三〇年近くにわたる、実質上長期にわたった政府支援を継続的に受けてきた。しかしながら、わが国の繊維産業は空洞化へと向かい、東アジアを中心とした生産リンケージを形成させることもなく、現在に至っている。

経済学者の富沢修身は『構造調整の産業分析―大競争下の日本産業・企業の構造調整―』で、政府などが提唱した最終製品の市場動向に敏感なＱＲＳ――Quick Response System――や、川上から川下に至る垂直型の連携であるＬＰＵ――Linkage Production Unit――などの「構造改善事業」がなかなか進展しなかったことの原因を、「メーカーは中小零細企業が多く、中長期にわたるシステム構築に要する資金負担に耐えられないなど、汎用品の量的拡大に適合的であった産業の構造が逆に桎酷となっている」ことに言及したうえで、政府の政策が全くの失敗であったとつぎのようにきびしく指摘する。

「政府は低率関税で門戸開放したまま、設備登録制による設備規制（護送船団方式）と構造改善事業（エリート育成方式）を行ってきたが、両者がほぼ失敗に終わったのは、市場確保の見通しがつかなかったからであった。これさえはっきりすれば、設備投資や企業間の協同事業などの対応は比較的容易であったろう。繊維工業衰退産業という日本の現実は、政策の失敗の帰結であった。

川上・川中はごく最近まで協調的関係ができたが、一九八〇年代半ば以降、差別化・特化戦略との関係で各社力点の置き方が異なり、協調的関係は維持できなくなってきた。……ポストバブル不況時に……無防備のまま円高による輸入急増が企業を直撃し、価格破壊は従来型の生産販売システムに大きな打撃を与えた。」

たしかに、円高と輸入品拡大で国内繊維製品の市場が縮小するなか、設備登録による生産調整での価格回復などは初めからきわめて困難であったにもかかわらず、そのような政策が続行されたのは、経済ではなく政治の論理が強く働いた結果であった。いずれは、経済の論理がそのような政治的救済を終焉させざるを得なかったのである。そして、繊維業界、とりわけ、川下部門は生産者と流通販売業者との利害がますます一致しなくなり、流通販売業者は東アジア、とりわけ、中国に、その輸入——いわゆる開発輸入を含め——を大きく依存していくことになる。

ここで改めて日本の繊維産業の現状を振り返っておこう。

合繊企業はさらに脱繊維の方向を強め、むしろ総合化学企業へと経営のかじ取りを行ってきた。たとえば、東レや帝人をみても、売上額に占める繊維部門の比重は三〇〜四〇%となり、プラスチックなどの化成品、炭素繊維複合材料、医療・医薬品、情報通信材料などの部門の比重がますます高くなってきている。

他方、紡績の大手企業の海外生産比率はさらに上昇している。アパレルについては、数量ベースでは輸入浸透率九〇%以上の水準が定着し、この筆頭には中国が来ている。こうした繊維産業における川下部門の空洞化は川上部門にも深刻な影響を与え続けてきた。

事実、合繊長繊維織物の有力産地である北陸地域——福井県、石川県、富山県——の衰退は顕著である。一九九〇年代はじめから二〇〇〇年にかけて、工場数はほぼ半減した。たとえば、羽二重、ビスコース人絹織物、アセテート長繊維織物、ポリエステル長繊維織物、たて編ニット生地、ニット製スポーツ上着・ズボン・スカート、ニット・レース染織整理、編レース生地などで全国一位のシェアをもつ福井県でさえ、事業所数や従業者数はここ一〇年あまり一貫して減少を続けている。それでも、福井県の事業所数や従業者数の全国比重が高まっていることは、福井県以上に他地域で繊維産業が衰退傾向にあることを強く示唆している。

福井県の場合、製造品出荷額についても、また漸減しており、繊維工業の事業所数や従業者数が県全体の約四分の一を占め、製造品出荷額でも十数パーセントを占めているため、このような状況は、福井県経済全体にも大きな影響を与えてきた。

また、ポリエステル長繊維やナイロンなど合成繊維と人絹の主要産地であり、昨今ではいわゆるスポーツやカジュアル向けの軽量高密度織物で踏ん張ってきた感のある石川県の場合、事業所数で県全体の二〇％近く、従業者数で一〇％以上、出荷額で六％ほどを占めているものの、平成二［一九九〇］年以降、苦しい状況が続いている。

また、縫製品など衣料を含めた繊維工業全体の出荷額で上位にくる大阪府、愛知県、岡山県でも北陸産地と同様に苦しい対応が続いている。このうち、岡山県の場合、合成繊維縫糸、染織糸で織られたデニム生地、学校制服、事務・作業服、ワイシャツ、繊維製袋などで優位に立ってきた繊維工業は、事業所数において県内でもっとも多く、従業者数でも輸送用機械と食品について三番目となっている主要部門であり、打開策が模索されてきた。しかしながら、概していえば、日本の各地のアパレル縫製産地は苦境にあえいでいる。

そうしたなかで、経済産業省・産業構造審議会繊維産業分科会は、平成一九［二〇〇七］年五月に発表した『繊維産業の展望と課題―技術と感性で世界に飛躍するために、先端素材からファッションまで―』（中間とりまとめ）で、わが国繊維産業の今後をつぎのように総括している。

「内外の構造変化を克服して飛躍する道は個別企業ごとに様々であり、産業全体についてはもちろん、衣料・非衣料あるいは工程や素材による業態区分ごとにすら、一律に論ずることはもはや不可能になっている。繊維産業はもはや特別な産業ではなく、企業の生き残りをかけた構造改革は、他の産業と同様に、自己責任、自助努力によって行われなければならない。……個々の企業の事例を見れば、衰退から自己革新的な動きも見られるようになってきたことは、日本の産業史において、確かに注目すべきことであろう。

……繊維産業は、今日の経済・社会情勢の下で、技術と感性を活かした生活創造産業として、……世界に飛躍することができる。」

要するに、繊維産地や繊維産業全体を対象とすることのできる政策の時代は、その効果を期待できないゆえに、終わりを告げ、これからは技術や感性を中心に自己革新を自己責任で推し進めることのできる個別企業を対象とする政策の時代となったというのである。

しかしながら、この担い手たるべき人材について、同報告書は「長期的にみると、最も深刻な影響が想定されるのが、製造業における人材の繊維離れである。若者の中では、繊維製造業は斜陽産業であるという意識が定着し、この産業への就職を希望する若者は少数になっている。……繊維産業のイメージを明るく希望に溢れたものにしていくことが重要である。そのためには、繊維製造業は働き手にやり甲斐や面白さを提供するだけでなく、収益性の高い産業へと出来るだけ早く転換する必要がある」と指摘する。

高収益産業への転換の鍵を握るのは、成長著しいアジア諸国の中間所得層の市場開拓であり、わが国の製品はコスト高となったが、技術力や感性が加味されることで、そうした市場へ浸透できる可能性が示唆されている。繰り返しになるが、かつて、わが国の繊維産業は主力の輸出産業であった(*)。しかしながら、現在、繊維貿易に関しては、低迷している輸出額——繊維輸出の四〇数パーセントは織物である——の四倍以上の繊維製品がわが国に輸入されているのである。

*こうした織物（テキスタイル）輸出の過半は、中国へ輸出され、そこで最終製品に加工され、わが国へ輸入されており、日本からの純粋な輸出——海外からの生地輸入後に日本で染色など加工されたあとでの輸出を除く——は必ずしも多いとはいえない。

同「報告書」は企業数の上でわが国繊維産業の中核をなす零細企業の現状については、アジア市場開拓への「グローバル」感覚のなさと人材不足という状況にあると嘆く。こうした指摘の背景に、この「中間報告書」が公刊された年度末に、政府の繊維産業への特別対策が終了を告げ、産業政策あるいは中小企業政策一般のなかに繊維産業政策が埋没していくことになるにもかかわらず、それまでの構造改善事業が大きな進展を見せなかったことへの苛立ちがあった。

＊とりわけ、川中（織物業、染色業など）・川下（縫製業など）についてみれば、一九人までの小規模事業者が全体の八〇%以上を占めている。このなかでも、四人までの零細事業者は織物業で約六〇%、染色業で約四六%、縫製業で約四三%を占めている。

振り返ってみれば、構造改善という名の中小企業政策は繊維産業だけに限らず、構造不況業種といわれた産業分野を対象に実施されてきた。だが、繊維産業だけでなく造船業などにおいても、必ずしも所期の政策目標を達成できたわけではなかった。市場のなかでもっとも巨大な比重を占めるボリュームゾーン――あるいはマスゾーン――を放棄して、より付加価値の高いハイエンドの市場への移行を目指したが、必ずしも達成できなかった。

市場のハイエンドゾーンは需要全体からみれば一部であり、結局のところ、そうした対応方向は産業規模の縮小をもたらした。とりわけ、アパレルなどは他の加工組立型の工業製品と比較して、製造段階における迂回度は低く、付加価値生産性は使用する素材とデザインに大きく左右される。そうしたなかで、ボリュームゾーンを確保しつつ、デザイン力を高めハイエンドゾーンの確保――ブランドの定着――もめざす二面戦略が重要な鍵を握る。

長年にわたって産業記者としてアパレル産業を見てきた山崎光弘は『増補版・現代アパレル産業の展開――挑戦・挫折・再生の歴史を読み解く――』で、他の産業に比較して、アパレル産業の特徴について「アパレルというのはリスクが服を着ているようなものである。家電やIT、カメラなどと違って、もともとの発見、発明はない。ヒット商品を量産しても、それが巨額な利益を生むことにはならない。シーズンが過ぎればそこでご破算だ。利益率を高めないとリスクもはれないし次の投資もできない」と指摘する。

アパレル産業においてボリュームゾーンの確保は、少品種大量生産体制から、多品種少量生産と同様に多品種大量生産を達成するイノベーションにとって、最重要課題であり続けたのであった。こうした課題の解決のため流通・販売企業――卸・小売商――と生産者である縫製企業が、ともに流通経路の短縮化によるコストダウンや曖昧な取引慣行によるリスク負担軽減などに協力して取り組むべきであった。にもかかわらず、日本の流通制度の複雑性もあり、流通・販売企業はアジアからの仕入れに大きく依存し、縫製企業は一部の短納期製品などの分野を除いて衰退を続けた。

そうした衰退のなかで(*)、わたしたちは日本の繊維産業政策、構造改善を掲げた中小企業政策の「失敗」をどのように今後に生かすのかを再考しなくてはならない。なぜならば、それは他の産業においても繰り返される可能性が高いからでもある。わたしなりに整理しておく。

*繊機台数だけでみても、綿紡績設備は全国で昭和五〇［一九七五］年をピークにして、その後減少して、平成一九［二〇〇七］年にはその約一三%となり、昭和二〇［一九四五］年の設備台数をも下回っている。

（一）日本国内における私権と公共の利益の峻別――国内における川上、川中、川下の分野における利害調整が困難であったことに加え、製造企業と流通・販売企業の利害対立、原糸、織物、縫製の企業間の利害対立とその自律的調整が困難であったことが、繊維産業の空洞化を短期間に進めることになった。

(二)ブローカーとしての政治家の介入による私権調整の後遺症――利害対立の構造がある限り、そこには利害の再分配をはかる政治スタイルが登場することになる。これは高度成長期の日本の政治の姿であり、これを象徴した人物が田中角栄であった。しかし、経済というパイの拡大が終焉すれば、小泉純一郎に象徴される不利益の分配としての政治が登場することになる。

(三)産業政策における「政治の論理」と「経済の論理」の峻別――これは公共選択論におけるいわゆるレントシーキングの問題である。一般に、レントとは「地代」のことであるが、ここでのレントとは市場において、独占や政府による保護によって得ることのできる利益であり、レントシーキングはそのようなレントを手に入れるための非生産的支出に関わる行動――いわゆる「ロビー活動」も含め――である。

(一)の点は、大きく言えば、戦後日本社会の民主化過程における私権の限りない拡大の結果とその帰結といえなくもない。災害復興における地権の整理・統合が困難であること、つぎはぎだらけの宅地開発、市街地開発などで住民に不便を強いる土地利用、地権が複雑に入り組み小さな道路一本通すことのできない現状、衰退が進んでいるにもかかわらず、商店街の再開発が進まない現状など、わたしたちの周りの事例にもある。

予想される帰結は、無為無策のまま、行きつくところまで行かざるを得ない将来である。そのとき、再興の担い手はすでに消え去っていることになりかねない。転ばぬ先の杖という言葉があるが、転んでしまって杖まで失くした姿がそこにある。

二番目の課題はすでに田中角栄論のところで論じた通りであるので、ここでは繰り返さない。三番目のレントについては、レントが元来、「地代」であることからも理解できるように、事業独占や政府による保護・制限――免許制による新規参入制限や既得権の保護も含め――によって生じる利益は、供給制限がある土地に支払われる地代と同じ性質をもつのである。

そうしたレントを得るまでの費用――金銭上だけではなく、時間や活動エネルギーも含め――が実際の生産活動や研究開発活動に結び付かない場合、どうなるのか。土地と地代を政府と税金に置き換えれば、わかりやすいであろう。

振り返ってみれば、敗戦後、ワンダラーブラウスから始まった米国向け輸出は、昭和三一［一九五六］年に自主規制が始まり、その後の米国との繊維協定――さらなる自主規制外交――をめぐる動きへと連なっている。綿織物輸出についてみると、日本の高度成長期の昭和四〇年代半ばには、国際競争力の低下とともに香港や西ドイツなどに世界トップの地位を譲り渡し、国内的には設備過剰の状態が続き、増設の抑制、操業短縮、登録制度の時代へと移っていくのである。

そうしたなかで、第三章で詳述したように、通産省は繊維工業審議会や産業構造審議会繊維部会などを通じて繊維産業ビジョンを発表し(*)、構造改善政策を打ち出していくことになる。同時に、繊維産業を直接対象とした立法措置と政策が平成一一［一九九九］年までとられてきた。なお、設備登録制については、既述のように、繊維九業種を対象とした設備登録制は、日米構造協議での指摘や公正取引委員会の独禁法適用除外制度の見直しの機運のなかで、平成七［一九九五］年に廃止されたが、その混乱の低減措置として低利融資制度が導入された。レントは、このようなかたちで継承されたといえる。

＊昭和四一［一九六六］年から平成一九［二〇〇七］年の間に、約五年ごとに「ビジョン」が一〇回にわたり発表されてきた。

そこに使用された鍵用語を時系列的に紹介しておくと、「構造改善」、「先進国型産業」、「生活文化提案型産業」、「市場創造」、「基幹産業」、「技術と完成」、「先端素材」、「ファッション」などとなる。

このレントに関しては、コメ農家への生産調整をめぐる減反政策に共通の課題を見出すことができる。日本の農業を振り返ると、第二次大戦後の農地改革によって自作農が創出されたものの、敗戦後の食糧難を解決するために政府が指定価格で買い上げる食糧管理法によって、コメ農家は生産を増産していった。しかしながら、食糧難の時代から、飽食と食の多様化の時代の下で、米の買取制度は、政府の過剰在庫と買取価格と販売価格の逆ザヤ問題を生み、食管会計の赤字を大きなものにしていった。

そのため、農林水産省は、新規の米作農地の抑制から禁止、コメからの転作の推奨――転作奨励金の導入――、買入制度の見直し、自主流通米制度の導入などの措置によってコメの生産調整を行った。これに対して、稲作農家からの反発は強く、また、稲作技術の向上などもあり、生産調整は政府の見通しどおりに進んだとはいえなかった。

他方、需要についてみれば、食の一層の洋風化によって、コメの需要は減少しつづけた。稲作抑制のためにさまざまな補助金制度が導入され、稲作農家をめぐるレントはますます複雑化していった。

そうした措置も、政府財政の悪化にともない、大きな曲がり角にある。現在は、食糧管理法の廃止と食糧法の登場によって、政府の買上数量に制限が設けられるようになった一方で、その価格を市場価格に連動させ、また、生産調整も農家の自主的な取り組みへと委ねる方向へと転じている。

今の時代、田中角栄が存命ならば、田中はどのように事態の打開をはかるのであろうか。

あとがき

多くの人たちにとって、政治は、マスコミが描き出す「政治家像」というイメージによって印象づけられ、解釈され、定着させられる。多くの人たちは政治家が著す著作――本人が執筆したのかどうかは別として――や、あるいは、わたしたち研究者のように国会審議録での発言や回顧録などを通して、政治家の政策思想などを探ることなどさほどないに違いない。

地元政治家の後援会組織にわざわざ会費を支払って会員となり、演説会に駆けつける熱心な人もそう多くはないだろう。政治家とは、ほとんどの人たちにとっては選挙時に貼られるポスターのどれも同じようなポーズと不自然なほほ笑みのなかにその顔を覚えている存在であり、テレビ、新聞や雑誌などを通じて形成されたイメージのなかの存在である。

そうした政治家のなかにあって、田中角栄は、戦後の日本政治に強い印象を残し、多くの人たちにとって地元政治家よりずっと身近な等身大の人間として記憶されている政治家の一人である。そして、いまも、政治の混迷期に同様の人物の再来を望む声は多い。田中角栄の残像はいまもわたしたちのまわりにある。それゆえ、本書では、田中角栄を取り上げた。

日本社会を政治や政策から描くとき、極めて専門的な個別テーマを設定してその光景を描くこともできるが、それは顕微鏡写真のようでもある。時代の全貌をパノラマ写真のように描くには、ややピントが甘くても、より広く、多彩な視角からとらえることが必要である。それにはその時代を強く印象づける特定の象徴的人物を中心にとらえる手法もあってよいと思う。

田中角栄の時代に、国土の均衡ある発展を目指して工場などの立地分散化と地方都市の振興を目的としたはずの全国総合計画がかえって東京への著しい一極集中をもたらし、ある時点まで経済活動の密度――外部経済性――を高めたことで、さらにその集中度を高めた。

そして、明らかに限界点をこえて過剰集中した東京には、地震学者が予想するXデイを境に、敗戦時以上の混乱と犠牲が予測される。東京近郊とその周辺圏はやがて縮小することが予想されるが、東京に集中した経済活動と人口は短期的にはなかなか分散化されない。

そうした日本の「かたち」は、明治以降の近代化政策が夜郎自大的な領土膨張主義という、遅れてやってきた帝国主義的近代化に転化して、太平洋戦争というとてつもない破壊と犠牲を経て、ようやく外からの「強制力」によって終焉した姿を思いおこさせる。わたしたちにはそう時間が残されているわけではない。思想と自覚のない成功観は、やがて自らを破壊することは、いままでの歴史が指し示す帰結といえなくもない。

通産省の産業政策あるいは中小企業の近代化政策にかぎっても、ある時点まで成功を収めたことで、その対象が野放図に拡大され、その拡大した既得権ゆえに、本来はブレーキをかける時期にアクセルをふかせるようなことになった。本書で取り上げた繊維産業をめぐる産業政策やそれに関連した中小企業政策は、その豊富な事例を提供している。

ところで、わたしがまだ地方自治体に務めていた二〇歳代後半のころ、部内のある合同会議で、東京にもし大災害が起こった際、そのバックアップ機能をどこの自治体が果たせるかという議論になったことがあった。

この議論の発端は、地方都市から工業がますます逃げ出す一方で、大企業はもちろんながら、中堅企業——当時、わたしたちは従業員数で五〇〇人程度の企業を考えていた——までもが東京に実質上の本社を移す傾向が強まっていたことへの懸念であった。本社機能のようなビジネス上の「中枢機能」の空洞化が地域経済へ大きな影響をもたらすことが予想されていた。もはや、大企業の大規模工場の大都市圏への立地促進という時代でもなくなっていた。

では、どうするのか。

その頃、大企業を中心に大型コンピュータがつぎつぎと導入され、情報産業もまた東京一極集中の傾向を見せていた。そうしたコンピュータが処理するデータが東京の災害、とりわけ、関東大震災並みの大地震——専門家は別として、当時は、首都圏直下型地震とか活断層とか、あるいは原発事故などの議論はなかったと思うが——によって壊滅的な打撃を受けた時のための、バップアップ用コンピュータの立地をわが地域に推進してはどうかという話も若手職員からはでた。しかし、議長役であった霞が関の経済主要官庁からきていた人物の「それなら、埼玉県にバックアップセンターを置けばよい」という発言で、議論はあっけなく終わった。

何人かの若手職員とわたしなど中央官庁への出向と東京での生活を経験した者にとって、東京の災害で、周辺地域がなんら影響を受けないことなど考えられなかった。東京の災害が埼玉周辺地域にも同時多発的被害をもたらすことは当時でも予想されたはずである。わたしたちはこの人物のあまりにもお粗末な災害感覚にただあきれ果てたのである。

回転寿司のように、霞ヶ関から同じような経歴をもつ人物が、回転テーブル――人事政策――にのってやってきて、地方と中央を補助金においてつなげるような地方自治体の政策形成の光景がそこにあった。一極集中のリスクへの霞が関の鈍い感度をわたしたちは生活人の一人としても感じた。個人にとっても、そうであるが、成功体験はその成功を実質支えた条件が変わっても継承され、きわめて残念なことながら過大評価され続けるということであろう。

歴史は、たとえば、それを経済活動や、政策――財政金融政策、農業政策、産業政策や中小企業政策など――ではなく、地震などの災害からみれば、また異なった姿が浮かび上がってくる。地震学者の石橋克彦は『大地動乱の時代―地震学者は警告する―』で、明治以降の日本の近代化の歴史を経済発展史ではなく災害史とその対応からとらえ直している。

石橋は「多くの地震学者が、首都圏直下のM七クラスの地震はいつおこっても不思議ではないと思っている。おもな理由は、過去四〇〇年間の平均発生頻度にくらべて、最近約六〇年間の静穏さは異常だ」としたうえで、「東京一極集中は地方の衰退と表裏一体の、構造的なものである。……過密東京圏と過疎地の双方で国民の生きる権利の公平性がいちじるしく損なわれていること、国内の多様性と文化創造力が失われ、……日本の国土と社会を望ましい姿に変えるためには、思い切った『地方主権』を実現するしかない。しかし、最近の地方分権に関する活発な論議とは裏腹に、現実には相も変わらず中央省庁への権限強化と東京圏の肥大化が進行している」と指摘する。

石橋の主張する地方分権あるいは地方主権とは、まさに田中角栄が若い頃に目指した方向ではなかったのか。にもかかわらず、田中角栄以後、そのような方向は達成されず、明らかに臨界点をこえて、事態は悪化しているのではないだろうか。地方の均衡ある発展には、その文化とともにそれを支える産業が必要なのであり、全国各地に多彩に展開してきた繊維産業もその鍵を握る一つではなかったろうか。その繊維産業もまた、産業政策によってむしろ逆の方向へと誘導されたのは、あまりにも皮肉ではなかったろうか。

本書では、田中角栄について地域開発政策を単なる道路整備や地方インフラ整備政策などに限定することなく——むろん、地域社会の自立的存立には交通通信インフラの整備け非常に重要であるが——取り上げた。実際に地域経済を支えるためには産業の発展が必要であることから、繊維産業への構造改善政策を取り上げ、そこに流れる地下水脈のような田中角栄型の政治——政策思想——との関連からとらえようとした。これまで以上にグローバル化のイデオロギーが跋扈しているなかで、改めてわたしたちの足もとにある地域と産業、政策と制度にきちんと取り組むべきなのである。

参考文献

【あ行】

相沢幸悦『日銀法二十五条発動―平成金融恐慌から学ぶもの―』中央公論新社、一九九五年
会田雄次『日本人材論―指導者の条件―』講談社、一九七六年
開沼博『「フクシマ」論―原子力ムラはなぜ生まれたのか―』青土社、二〇一一年
麻生幾『消されたファイル―昭和・平成裏面史の光芒―』新潮社、二〇〇二年
新雅史『商店街はなぜ滅びるのか―社会・政治・経済史から探る再生の道―』光文社、二〇一二年
粟屋憲太郎『昭和の政党―政党政治の崩壊と戦後の再出発―』小学館、一九八八年
アンデルセン、ゴスタ・エスピン（渡辺雅男・渡辺景子訳）『ポスト工業経済の社会的基礎―市場・福祉国家・家族の政治経済学―』桜井書店、二〇〇〇年
五十嵐敬喜・小川明雄『都市計画―利権の構図を超えて―』岩波書店、一九九三年
同『議会―官僚支配を超えて―』岩波書店、一九九五年
池尾愛子編『日本の経済学と経済学者―戦後の研究環境と政策形成―』日本経済評論社、一九九九年
石川真澄『戦後政治史』岩波書店、一九九五年
同『人物戦後政治―私の出会った政治家たち―』岩波書店、二〇〇九年
板野潤治『日本政治「失敗」の研究』講談社、二〇一〇年
伊丹敬之・伊丹研究室『日本の繊維産業なぜ、これほどまでに弱くなってしまったのか』ＮＴＴ出版、二〇〇一年

井手英策『日本財政　転換の指針』岩波書店、二〇一三年
伊東維年『戦後地方工業の展開—熊本県工業の研究—』ミネルヴァ書房、一九九二年
伊東光晴他『日本の経済風土』日本評論社、一九七八年
猪瀬直樹『日本国の研究』文藝春秋、一九九九年
岩瀬達哉『われ万死に値す—ドキュメント竹下登—』新潮社、二〇〇二年
岩見隆夫『田中角栄—政治の天才—』学陽書房、一九九八年
上山和雄『日記にみる日本型政治家の源流—陣笠代議士の研究—』日本経済評論社、一九八九年
魚住昭『野中広務—差別と権力—』講談社、二〇〇六年
魚住弘久『公企業の成立と展開—戦時期・戦後復興期の営団・公団・公社—』岩波書店、二〇〇九年
内橋克人『共生の大地—新しい経済がはじまる—』岩波書店、一九九五年
　同『日本の原発、どこで間違えたのか』朝日新聞出版社、二〇一一年
宇野重視『〈私〉時代のデモクラシー』岩波書店、二〇一〇年
大門正克『近代日本と農村社会—農民世界の変容と国家—』日本経済評論社、一九九四年
大阪府商工部・桃山学院大学総合研究所『地場産業技術実態調査報告書』一九七八年
大阪府立商工経済研究所『府下中小工業の国際間競争の諸問題と実態—その二・実態編—』一九七一年
同『小零細工業と構造改善（その二・大阪の繊維工業の実態）』一九七二年
同『小零細織物製造業の実態—綿スフ織物製造業、毛織物製造業—』（内部資料）、一九七二年
同『国際分業の進展と繊維産業の構造変化（その四・特織紡績業）』一九七七年
同『大阪工業の地域分布—府下市区町村別産業中小分類別分布と一〇年間の推移（統計編）—』一九八一年

大下英治『田中角栄に今の日本を任せたい』角川書店、二〇一一年
同『小沢一郎と田中角栄』角川書店、二〇一二年
大嶽秀夫『日本政治の対立軸―九三年以降の政界再編の中で―』中央公論新社、一九九九年
同『高度成長期の政治学』東京大学出版会、一九九九年
大山耕輔『行政指導の政治経済学―産業政策の形成と実施―』有斐閣、一九九六年
奥島貞雄『自民党幹事長室の三〇年』中央公論新社、二〇〇二年

【か行】

笠信太郎『成長経済のゆくえ』朝日新聞社、一九六八年
加瀬和俊『失業と救済の近代史』吉川弘文館、二〇一一年
片山杜秀『近代日本の右翼思想』講談社、二〇〇七年
カーティス、ジェラルド（山岡清二約）『「日本型政治」の本質―自民党支配の民主主義―』ＴＢＳブリタニカ、一九八七年
加藤一郎『公共事業と地方分権』日本経済評論社、一九九八年
加藤寛『官僚主導国家の失敗』東洋経済新報社、一九九七年
鎌田慧『原発列島を行く』集英社、二〇〇一年
河西英通『東北―つくられた異境―』中央公論新社、二〇〇一年
北岡伸一『自民党―政権党の三八年―』読売新聞社、一九九五年
同『政党から軍部へ―一九二四～一九四一―』中央公論新社、一九九九年
同『「普通の国」へ』中央公論新社、二〇〇〇年

共同通信社社会部編『東京地検特捜部』講談社、一九九八年
清成忠男『日本中小企業政策史』有斐閣、二〇〇九年
草柳大蔵『日本解体―内務官僚の知らざる八六九日―』ぎょうせい、一九七五年
経済産業省・産業構造繊維審議会分科会『繊維産業の展望と課題―技術と慣性で世界に飛躍するために、先端素材からファッションまで―』（中間とりまとめ）二〇〇七年
同・製造産業局繊維課『今後の繊維・ファッション産業のあり方』二〇一二年
黒瀬直宏『中小企業政策の総括と提言』同友館、一九九七年
同『中小企業政策』日本経済評論社、二〇〇六年
小池洋次『政策形成の日米比較―官民の人材交流をどう進めるか―』中央公論新社、一九九九年
香西泰・寺西重郎編『戦後日本の経済改革―市場と政府―』東京大学出版会、一九九三年
河野康子『戦後と高度成長の終焉』講談社、二〇一〇年
児玉隆也『淋しき越山会の女王』岩波書店、二〇〇一年
小林良彰『現代日本の政治課程―日本型民主主義の計量分析―』東京大学出版会、一九九七年
小宮隆太郎・奥野正寛・鈴村興太郎編『日本の産業政策』東京大学出版会、一九八四年

【さ行】

齊藤誠『原発危機の経済学―社会科学者として考えたこと―』日本評論社、二〇一一年
酒井哲哉『大正デモクラシー体制の崩壊―内政と外交―』東京大学出版会、一九九二年
坂野潤治『日本政治「失敗」の研究』講談社、二〇一〇年
櫻井良樹『大正政治史の出発―立憲同友会の成立とその周辺―』山川出版社、一九九七年

同　編『地域政治と近代日本─関東各府県における歴史的展開─』日本経済評論社、一九九八年
佐高信『小沢一郎の功罪』毎日新聞社、二〇一〇年
佐藤昭子『決定版・私の角栄日記』新潮社、二〇〇一年
同『田中角栄』経済界、二〇〇五年
佐藤栄佐久『知事抹殺─つくられた福島県汚職事件─』平凡社、二〇〇九年
同『福島原発の真実』平凡社、二〇一一年
佐藤主光『地方税改革の経済学』日本経済新聞出版社、二〇一一年
塩田潮『田中角栄失脚』文芸春秋、二〇〇二年
下村太一『田中角栄と自民党政治─列島改造への道─』有志社、二〇一一年
白鳥令『日本における保守と革新』日本経済新聞社、一九七三年
下平尾勲『地場産業─地域からみた戦後日本経済分析─』新評論、一九九六年
神野直彦『システム改革の政治経済学』岩波書店、一九九八年
新川敏光・大西裕『日本・韓国』ミネルヴァ書房、二〇〇八年
末松厳太郎（佐高信編）『役人学三則』岩波書店、二〇〇〇年
関曠野『フクシマ以後─エネルギー・通貨・主権─』青土社、二〇一一年

【た行】

高瀬淳一『武器としての〈言語政治〉─不利益分配時代の政党手法─』講談社、二〇〇五年
高田保馬（解説・盛山和夫）『勢力論』ミネルヴァ書房、二〇〇三年
高畠通敏『地方の王国』岩波書店、一九九七年

高原基彦『現代日本の転機―「自由」と「安定」のジレンマ―』日本放送出版協会、二〇〇九年
武田晴人編『地域の社会経済史―産業化と地域社会のダイナミズム―』有斐閣、二〇〇三年
竹田秀輝『戦後日本の繊維工業』大明堂、一九七六年
田勢康弘『豊かな国の貧しい政治』新潮社、一九九五年
立花隆『田中角栄研究―全記録―』（上・下）講談社、一九八二年
同『巨悪VS言論―田中ロッキードから自民党分裂まで―』（上・下）文藝春秋、二〇〇三年
同『政治と情念―権力・カネ・女―』文芸春秋、二〇〇五年
同『滅びゆく国家―日本はどこへ向かうのか―』日経BP社、二〇〇六年
橘木俊詔『日本の経済格差―所得と資産から考える―』岩波書店、一九九八年
田中角栄『日本列島改造論』日刊工業新聞社、一九七二年
同『大臣日記』新潟日報事業社、一九七二年
玉井清『原敬と立憲政友会』慶応義塾大学出版会、一九九九年
塚本三郎『田中角栄に聞け―民主政治と「七分の理」―』PHP研究所、二〇一〇年
津本陽『異形の将軍―田中角栄の生涯―』幻冬社、二〇〇六年
鶴田俊正『戦後日本の産業政策』日本経済新聞社、一九八二年
鶴見俊輔『竹内好―ある方法の伝記―』岩波書店、二〇一〇年
戸川猪佐武『佐藤栄作と高度成長』講談社、一九八二年
歳川隆雄『大蔵省権力闘争の末路』小学館、一九九九年
富沢修身『構造調整の産業分析―大競争下の日本産業・企業の構造調整―』創風社、一九九八年

冨森叡児『戦後保守党史』岩波書店、二〇〇六年
豊島紡績三〇年の歩み編纂委員会編『豊島紡績三〇年の歩み―装いを創る―』豊島紡績株式会社、一九八六年

【な行】

中北浩爾『経済復興と戦後政治―日本社会党一九四五～一九五一―』東京大学出版会、一九九八年
中込省三『アパレル産業への離陸』東洋経済新報社、一九七七年
仲俊二郎『この国は俺が守る―田中角栄アメリカに屈せず―』栄光出版社、二〇一一年
中野士朗『田中政権―八六五日―』行政問題研究所出版局、一九八二年
中村隆英『明治大正期の経済』東京大学出版会、一九八五年
中山研一『現代社会と治安法』岩波書店、一九七〇年
成田龍一『「故郷」という物語―都市空間の歴史学―』吉川弘文館、一九九八年
日本経済新聞社編『自民党政調会』日本経済新聞社、一九八三年
日本紡績協会『紡織業における構造改善対策の展開』日本貿易協会、一九六九年

【は行】

橋本寿郎『戦後の日本経済』岩波書店、一九九五年
橋山禮治郎『必要か、リニア新幹線』岩波書店、二〇一一年
原彬久『岸信介―権勢の政治家―』岩波書店、一九九五年
播久夫『実録・中小企業運動史―戦前の小売商問題と戦後の中小企業問題―』同文館、一九九二年
福島久一編『中小企業政策の国際比較』新評論、二〇〇二年
福永文夫『大平正芳―「戦後保守」とは何か―』中央公論新社、二〇〇八年

古厩忠夫『裏日本―近代日本を問いなおす―』岩波書店、一九九七年
ホーケン、ポール・ロビンス、エイモリ・ロビンス、エル（佐和隆光監訳・小幡すぎ子訳）『自然資本の経済―「成長の限界」を突破する新産業革命―』日本経済新聞社、二〇〇一年
保坂正康『田中角栄の昭和』朝日新聞社、二〇一〇年

【ま行】

孫崎享『戦後史の正体―一九四五‐二〇一二―』創元社、二〇一二年
増山栄太郎『角栄伝説―番記者が見た光と影―』出窓社、二〇〇五年
待鳥聡史『首相政治の制度分析―現代日本政治の権力基盤形成―』千倉書房、二〇一二年
松下圭一『政策型思考と政治』東京大学出版会、一九九一年
　同『戦後政治の歴史と思想』筑摩書房、一九九四年
松永桂子『創造的地域社会―中国山地に学ぶ超高齢社会の自立―』新評論、二〇一二年
馬弓義彦『戦場の田中角栄』毎日ワンズ、二〇一一年
水木揚『田中角栄―その巨善と巨悪―』日本経済新聞社、一九九八年
水谷三公『官僚の風貌』中央公論新社、一九九九年
三輪芳朗『政府の能力』有斐閣、一九九八年
村松高明『繊維』日本経済新聞社、二〇〇六年
望月圭介伝刊行会編『望月圭介伝』羽田書店、一九四五年
百瀬孝（伊藤隆監修）『事典・昭和戦前期の日本―制度と実態―』吉川弘文館、一九九〇年
森信茂樹『日本の税制―何が問題か―』岩波書店、二〇一〇年

森村誠一『腐蝕の構造』角川書店、一九七四年

【や行】

山一証券経済研究所『明日の繊維産業』東洋経済新報社、一九七六年
山岡淳一郎『田中角栄封じられた資源戦略―石油、ウラン、そしてアメリカとの闘い―』草思社、二〇〇九年
山口二郎・生活経済政策研究所編『連立政治・同時代の検証』朝日新聞社、一九九七年
同『戦後政治の崩壊―デモクラシーはどこへゆくか―』岩波書店、二〇〇四年
同『政権交代とは何だったのか』岩波書店、二〇一二年
山崎光弘『現代アパレル産業の展開―挑戦・挫折・再生の歴史を読み解く―増補版』繊研新聞社、二〇〇七年
山崎勇治・嶋田巧編著『世界経済危機における日系企業―多様化する状況への新たな戦略―』ミネルヴァ書房、二〇一二年
ユニチカ社史編集委員会編『ユニチカ百年史』（上・下）ユニチカ株式会社、一九九一年
米田雅子『田中角栄と国土建設』中央公論新社、二〇〇三年

【ら行】

ライシュ、ロバート（雨宮寛・今井章子訳）『暴走する資本主義』東洋経済新報社、二〇〇八年

【わ行】

渡邊昭夫『大国日本の揺らぎ―一九七二―』中央公論新社、二〇〇〇年
渡辺惣樹『日米衝突の根源―一八五八～一九〇八―』草思社、二〇一一年

人名・事項索引

［さ］

［な］

［は］

【著者紹介】

寺 岡　寛（てらおか・ひろし）

1951年神戸市生まれ
中京大学経営学部教授，経済学博士

〈主著〉

『アメリカの中小企業政策』（信山社，1990年），『アメリカ中小企業論』（信山社，1994年，増補版，1997年），『中小企業論』（共著）（八千代出版，1996年），『日本の中小企業政策』（有斐閣，1997年），『日本型中小企業』（信山社，1998年），『日本経済の歩みとかたち』（信山社，1999年），『中小企業政策の日本的構図』（有斐閣，2000年），『中小企業と政策構想』（信山社，2001年），『日本の政策構想』（信山社，2002年），『中小企業の社会学』（信山社，2002年），『スモールビジネスの経営学』（信山社，2003年），『中小企業政策論』（信山社，2003年），『企業と政策』（共著）（ミネルヴァ書房，2003年），『アメリカ経済論』（共著）（ミネルヴァ書房，2004年），『通史・日本経済学』（信山社，2004年），『中小企業の政策学』（信山社，2005年），『比較経済社会学』（信山社，2006年），『スモールビジネスの技術学』（信山社，2007年），『起業教育論』（信山社，2007年），『逆説の経営学』（税務経理協会，2007年），『資本と時間』（信山社，2007年），『経営学の逆説』（税務経理協会，2008年），『近代日本の自画像』（信山社，2009年），『学歴の経済社会学』（信山社，2009年），『指導者論』（税務経理協会，2010年），『アジアと日本』（信山社，2010年），『アレンタウン物語』（税務経理協会，2010年），『市場経済の多様化と経営学』（共著）（ミネルヴァ書房，2010年），『イノベーションの経済社会学』（税務経理協会，2011年），『巨大組織の寿命』（信山社，2011年），『タワーの時代』（信山社，2011年），『経営学講義』（税務経理協会，2012年），『瀬戸内造船業の攻防史』（信山社，2012年）

Economic Development and Innovation: An Introduction to the History of Small and Medium-sized Enterprises and Public Policy for SME Development in Japan, JICA, 1998

Small and Medium-sized Enterprise Policy in Japan: Vision and Strategy for the Development of SMEs, JICA, 2004

田中角栄の政策思想—中小企業と構造改善政策—

2013年（平成25年）11月20日　第1版第1刷発行

著　者　寺　岡　　寛
発行者　今　井　　貴
　　　　渡　辺　左　近
発行所　信山社出版株式会社

〒113-0033　東京都文京区本郷6-2-9-102
電　話　03（3818）1019
FAX　03（3818）0344

Printed in Japan

印刷・製本／松澤印刷・大三製本

ISBN978-4-7972-2712-3　C3333

● 寺岡　寛　主要著作 ●

『アメリカの中小企業政策』信山社，1990年
『アメリカ中小企業論』信山社，1994年，増補版，1997年
『中小企業論』（共著）八千代出版，1996年
『日本の中小企業政策』有斐閣，1997年
『日本型中小企業―試練と再定義の時代―』信山社，1998年
『日本経済の歩みとかたち―成熟と変革への構図―』信山社，1999年
『中小企業政策の日本的構図―日本の戦前・戦中・戦後―』有斐閣，2000年
『中小企業と政策構想―日本の政策論理をめぐって―』信山社，2001年
『日本の政策構想―制度選択の政治経済論―』信山社，2002年
『中小企業の社会学―もうひとつの日本社会論―』信山社，2002年
『スモールビジネスの経営学―もうひとつのマネジメント論―』信山社，2003年
『中小企業政策論―政策・対象・制度―』信山社，2003年
『企業と政策―理論と実践のパラダイム転換―』（共著）ミネルヴァ書房，2003年
『アメリカ経済論』（共著）ミネルヴァ書房，2004年
『通史・日本経済学―経済民俗学の試み―』信山社，2004年
『中小企業の政策学―豊かな中小企業像を求めて―』信山社，2005年
『比較経済社会学―フィンランドモデルと日本モデル―』信山社，2006年
『起業教育論―起業教育プログラムの実践―』信山社，2007年
『スモールビジネスの技術学―Engineering & Economics―』信山社，2007年
『逆説の経営学―成功・失敗・革新―』税務経理協会，2007年
『資本と時間―資本論を読みなおす―』信山社，2007年
『経営学の逆説―経営論とイデオロギー―』税務経理協会，2008年
『学歴の経済社会学―それでも，若者は出世をめざすべきか―』信山社，2009年
『近代日本の自画像―作家たちの社会認識―』信山社，2010年
『指導者論―リーダーの条件―』税務経理協会，2010年
『市場経済の多様化と経営学』（共著）ミネルヴァ書房，2010年
『アジアと日本―検証・近代化の分岐点―』信山社，2010年
『アレンタウン物語―地域と産業の興亡史―』税務経理協会，2010年
『イノベーションの経済社会学―ソーシャル・イノベーション論―』
　税務経理協会，2011年
『巨大組織の寿命』信山社，2011年
『タワーの時代』信山社，2011年
『経営学講義』税務経理協会，2012年
『瀬戸内造船業の攻防史』信山社，2012年
Economic Development and Innovation: An Introduction to the History of Small and Medium-sized Enterprises and Public Policy for SME Development in Japan, JICA, 1998
Small and Medium-sized Enterprise Policy in Japan: Vision and Strategy for the Development of SMEs, JICA, 2004